ROUBE ESTAS IDÉIAS!

SEGREDOS DE MARKETING

ROUBE ESTAS IDÉIAS!

STEVE CONE

M.BOOKS

M. Books do Brasil Editora Ltda.

Rua Jorge Americano, 61 - Alto da Lapa
05083-130 - São Paulo - SP - Telefones: (11) 3645-0409/(11) 3645-0410
Fax: (11) 3832-0335 - e-mail: vendas@mbooks.com.br

Dados de Catalogação na Publicação

Cone, Steve
  Roube Estas Idéias! : Segredos de Marketing Que Profissionais Guardam para Si / Steve Cone – 1ª Edição

ISBN: 978-85.7680-018-7

1. Marketing   2. Propaganda   3. Administração

Do original: Steal These Ideas!
© 2007 By M.books do Brasil Editora Ltda.
© 2005 By Steve Cone. Protegido pela Convenção de Berne.
Original em Inglês Publicado pela Bloomberg Press.

Todos os direitos reservados. Direitos exclusivos cedidos à
M. Books do Brasil Editora Ltda. Proibida a reprodução total ou parcial.

EDITOR
MILTON MIRA DE ASSUMPÇÃO FILHO

Tradução
Elaine Pepe

Produção Editorial
Salete Del Guerra

Revisão de Texto
Renatha Prado
Vivian do Amaral Nunes

Coordenação de Gráfica
Silas Camargo

Editoração e Capa
RevisArt

2007
Proibida a reprodução total ou parcial.
Os infratores serão punidos na forma da lei.
Direitos exclusivos cedidos à
M. Books do Brasil Editora Ltda.

Para Faye, principalmente, e para Cliff.

E para meu pai e ex-colegas da
Epsilon – onde se fez a história do
marketing várias e várias vezes.

Sumário

PREFÁCIO ix

1. Os Três Ingredientes Secretos das Campanhas de Marketing Bem-Sucedidas 1

2. Em Linguagem Simples: O Que É uma Marca? O Que Faz Delauma Marca de Sucesso? Como Você a Gerencia? 14

3. Como Criar uma Proposta de Venda Única 21

4. Crie ou Contrate ou Implore para Criar uma Personalidade Inesquecível, Única para Sua Empresa.... 30

5. Você Precisa Ser Capaz de Ver e Ler 40

6. Os Folhetos Matam Árvores: Faça com Que a Morte Delas Valha a Pena 69

7. Slogans Eternos 74

8. Pense Globalmente, Aja Localmente... Até Certo Ponto 79

9. A Integração Ganha Guerras e a Mente do Consumidor ... 82

10. Localização, Localização, Localização: Tire o Máximo Proveito de Seus Gastos com Mídia 89

11. Nunca Ninguém Comprou Nada de um Professor de Línguas 97

12. As Três Lições Mais Importantes sobre os Clientes Que Você Vai Aprender..................................... 103

13. A Arte de Criar Programas de Fidelidade Eficientes........ 112

14. Surpresa! Estamos Ficando Mais Velhos...................... 122

15. A Grande Idéia Inovadora: De Onde Ela Vem?............... 131

16. Internet: Anuncie a Esperança.............................. 137

17. O Poder das Relações Públicas e dos Patrocínios............ 141

18. Política e Promoção 149

19. Sob os Holofotes.. 156

20. Confúcio e o Estrelato 163

21. Como Conseguir o Máximo de Sua Agência de Propaganda.. 166

22. Os Dez Segredos Que Você Realmente Precisa Saber para Roubar Idéias... 171

23. Ser Tudo Que Podemos Ser 175

Índice Remissivo.. 179

Sobre o Autor 183

Prefácio

EXISTE UMA HISTÓRIA que circulou pela cidade de Nova York por muitos anos sobre o primeiro encontro entre Woody Allen e Arnold Schwarzenegger. Imagine uma recepção elegante em Manhattan. Conforme consta, Woody aproxima-se de Schwarzenegger, com um copo na mão, levanta os olhos e diz: "Arnold, o que eu preciso para ser parecido com você?" Sem pestanejar, Arnold responde: "Duas gerações."

Ao contrário de Woody, você não vai precisar esperar tanto tempo por uma transformação. O que eu reuni neste livro vale quase duas gerações em termos de idéias e conselhos práticos que você pode absorver em uma ou duas horas. Os *insights* e conceitos que você vai encontrar aqui não se aprendem nas universidades, faculdades, nem mesmo no trabalho. Os capítulos são curtos, o que facilita a leitura, e tenho certeza de que eles foram escritos com humor e sabedoria suficientes para prender sua atenção.

Acho que há muito tempo faltava, na área de marketing, um guia rápido, repleto de idéias do mundo real para ajudar você e sua empresa a ter mais sucesso, agora! Se você usar este livro como um guia de referência para obter dicas e idéias de marketing agora e no futuro, meu trabalho terá valido a pena. Por isso, não espere uma versão atualizada e melhorada.

Divirta-se, aprecie as histórias, arranque páginas, aprenda técnicas e **roube estas idéias**. Lembre-se, aqui você encontrará os segredos que ninguém conta, e é só isso que falta para você se tornar um astro do marketing agora – e não daqui a uma ou duas gerações!

Os Três Ingredientes Secretos das Campanhas de Marketing Bem-Sucedidas

AS CAMPANHAS DE MARKETING em geral são empreendimentos muito caros, e o dinheiro gasto com elas normalmente é ganho a duras penas e deve ser usado de maneira eficiente. A pressão para criar uma estratégia bem-sucedida é muito grande. A má noticia é que essa não é hora de evitar riscos. A boa notícia é que você pode minimizar o risco e aumentar significativamente suas chances de tirar a sorte grande, seguindo esta regra simples:

Uma campanha de marketing bem-sucedida deve ter três ingredientes essenciais:

1. Empolgação
2. Informação
3. Um apelo persuasivo à ação

Atualmente, estamos sempre muito ocupados e com pouco tempo livre. Estamos cansados. Pensamos apenas no minuto seguinte.

Temos de lidar com a logística, o barulho e o tráfego. É preciso criar uma campanha cuidadosamente planejada para atrair nossa atenção para uma mensagem específica de marketing entre as milhares que nos bombardeiam no carro, no ônibus, enquanto assistimos à TV, fazemos compras, navegamos na Internet, folheamos uma revista ou escutamos rádio.

Ao vender um produto ou serviço a alguém, em qualquer lugar do mundo, sempre se pergunte: "Será que meu anúncio, folheto, *outdoor*, montagem da vitrine, propaganda no rádio causam empolgação, geram informações reais e dão um motivo para que o consumidor PARE tudo que estiver fazendo imediatamente e compre o produto ou serviço?"

A tarefa fundamental de um profissional de marketing é motivar possíveis compradores, atrair sua atenção para a mensagem de seu produto ou serviço e não a do concorrente. A maioria das campanhas de marketing fracassa totalmente na categoria "empolgação" e obtém resultados ainda piores quando se trata de um apelo à ação.

O cerne de qualquer promoção é ser NOTADO e obter uma RESPOSTA. O setor de marketing gasta somente nos Estados Unidos 35 bilhões de dólares por mês para atrair a atenção do consumidor.

Alguém vai prestar atenção a mais um anúncio de sanduíche, a mais um lindo casal de velhinhos que busca segurança financeira, andando de mãos dadas em uma praia deserta, a mais um carro reluzente em uma estrada nas montanhas, tortuosa e escorregadia, após uma chuva?

Como você pode se diferenciar da multidão e acertar em um alvo emocional que obrigue seu consumidor-alvo a escolher sua marca e responder à sua oferta? Como fazer isso acontecer?

Veja as campanhas extraordinárias a seguir, que mostram o poder decorrente da integração da empolgação, valor da informação e de um apelo à ação persuasivo de marketing.

O Melhor Anúncio do Tipo "Precisa-se de Ajuda"

Se alguém me pressionasse para escolher meu anúncio predileto de todos os tempos, seria aquele que foi colocado por Sir Ernest Shackleton, famoso explorador de regiões polares do início de século XX. Em 1913, Shackleton colocou um anúncio bastante breve em vários jornais londrinos em busca de voluntários para sua próxima expedição ao Pólo Sul. Ele esperava receber de 50 a 75 respostas. Cinco mil almas valentes responderam ao anúncio dele, que era o seguinte:

> PRECISA-SE DE HOMENS *para uma Viagem Arriscada. Salário baixo, um frio de rachar, longos meses de completa escuridão, perigo constante, retorno seguro duvidoso. Honra e reconhecimento em caso de êxito.*
>
> *- Sir Ernest Shackleton*

Todos os três elementos para um êxito promocional: empolgação, informação e um apelo à ação persuasivo para agir foram resumidos em apenas 3 linhas. Não é preciso acrescentar sequer uma palavra.

O Começo da Revista *Playboy*

No início da década de 1950, quando eu tinha 5 ou 6 anos de idade, era impossível adivinhar o que meu pai fazia no trabalho o dia inteiro. Ele falava sobre o trabalho de maneira muito vaga e, segundo se soube mais tarde, era por uma boa razão. Ele estava escrevendo algumas das primeiras cartas promocionais para a mala direta da então nova publicação de Hugh Hefner, a revista *Playboy*.

Essas cartas seriam enviadas para homens que já eram assinantes de outras revistas masculinas – o que naturalmente fazia sentido. O que diferenciava essas cartas era a maneira como meu pai as escrevia: do ponto de vista de uma Coelhinha de Playboy. Cada carta incluía uma foto dela em todo seu esplendor. A foto aparecia na carta, no envelope-resposta e no folheto anexo que incluía fotos de suas colegas Coelhinhas. Ela até assinava a carta.

Por Que Anunciar?

A maioria das pessoas acredita que a verba para propaganda deveria ser gasta apenas para lançar um novo produto ou serviço, aumentar o conhecimento que o público tem da marca e gerar *leads*. Não há nada de errado com isso, mas faltam elementos para completar o quadro. Existem seis razões essenciais para anunciar, algumas das quais não são óbvias.

- **Motivar seus "soldados".** A publicidade tem um potencial enorme para motivar os funcionários e, se bem feita, deixá-los orgulhosos da empresa e de si mesmos. Os novos anúncios deveriam ser vistos primeiro internamente em várias reuniões com os funcionários. Isso vai gerar interesse e os funcionários vão, depois, comentar sobre a campanha com a família e amigos. Não esqueça de passar para cada funcionário um cronograma sobre em que tipo de mídia e quando os anúncios serão veiculados.

- **Lembrar seus clientes por que eles são clientes.** É preciso lembrar os clientes que é ótimo fazer negócios com sua empresa, uma idéia que eles nunca teriam sozinhos. Aumentando o conhecimento que o público tem da marca e exercitando a memória dos clientes, a publicidade os incentiva a tomar uma atitude. Grande parte dos "novos" negócios decorrentes da publicidade virá de seus clientes existentes.

Conseqüentemente, milhões de homens americanos receberam pelo correio cartas de "uma verdadeira Coelhinha da Playboy", descrevendo os maravilhosos atributos da revista: boa ficção, coluna social e, naturalmente, mais fotos reveladoras dela e de suas amigas. Essa abordagem fez muito mais sucesso do que a hipótese de o próprio Hugh ou um de seus editores do sexo masculino ter escrito a carta – porque era simplesmente muito mais EMPOLGANTE!

A Revista *Rolling Stone*

No começo da década de 1970, o notório inimigo do *establishment*, o autoproclamado e pouco convencional jornalista Hunter S.

Os Três Ingredientes Secretos das Campanhas de Marketing Bem-Sucedidas **5**

- **Gerar um novo lead.** Todos querem novos clientes, porém eles precisam de informações. Não deixe de colocar o endereço de seu *site* ou um número de telefone bem visível. Ambos são um mecanismo para os clientes entrarem em contato ou mostram exatamente como e onde eles podem comprar de sua empresa. Um prazo também ajuda.
- **Recrutar grandes profissionais das empresas concorrentes.** Você pode realmente dizer que sua publicidade acertou o alvo quando os funcionários dos concorrentes entram em contato com você procurando oportunidades de emprego e citam sua propaganda como a razão para fazê-lo. Mesmo que eles não mencionem os anúncios, um aumento nesse tipo de atitude freqüentemente pode ser relacionado com uma campanha bem-sucedida.
- **Obter mais publicidade positiva.** Os jornalistas do setor também vêem seus anúncios. Provavelmente muitos pedirão que você lhes dê uma entrevista depois de lançar uma nova campanha. Aproveite o interesse deles e faça de tudo para cooperar. Isso pode ser como uma pequena turnê, em que você fala do grande trabalho feito por sua empresa através da publicidade.
- **Construir a marca.** Maior reconhecimento da marca sempre é positivo. É simples assim.

Thompson era editor-chefe da revista *Rolling Stone*. Ele inventou uma carta de renovação de assinatura que era completamente diferente de qualquer coisa imaginada por outras revistas.

A carta, curta e objetiva, declarava que a *Rolling Stone* era a única fonte legítima de renda de Thompson. Ela continuava dizendo que se você não respondesse, ele entraria em total desespero e provavelmente acabaria em algum lugar na Califórnia "respirando óxido nítrico até o último gole de freon, ouvindo os turistas alemães descreverem os coiotes que avistaram."

No fundo, Thompson ameaçou o destinatário, exigindo uma resposta, ou então... Para sublinhar a advertência, o envelope tinha uma inscrição rabiscada na frente em grandes letras que pareciam escritas à mão, cujos dizeres eram: "EU SEI ONDE VOCÊ MORA." Isso, com certeza, não era uma carta normal de renovação de assinatura das revistas *Time* ou *Newsweek*.

Esse esforço de mala direta para renovação de assinatura foi um grande sucesso e a *Rolling Stone* a usou durante todo o tempo em que Thompson trabalhou na empresa. Era divertido ler aquela carta. Tão diferente. Tão Hunter Thompson. Tão empolgante.

WorldPass da Pan American e Como os Últimos Se Tornaram os Primeiros

No final da década de 1970, viajar de avião deixou de ser glamoroso e elitista e passou a ser algo comum, superlotado e tão cansativo quanto uma interminável viagem de ônibus. Mesmo assim, os vôos ficavam lotados de executivos e de gerentes que viajavam regularmente pelos Estados Unidos e ao redor do mundo. Trabalhando muito, ganhando dinheiro, progredindo na vida, estes não eram passageiros felizes.

Embora as companhias aéreas estivessem satisfeitas com sua popularidade, também sabiam do crescente descontentamento de seus clientes que viajavam a negócios. E, em um momento clássico do marketing, várias grandes companhias aéreas decidiram que seus melhores clientes mereciam ser diferenciados e premiados por viajar freqüentemente pela empresa. E assim nasceram os programas *frequent flyer* para os passageiros que viajavam com freqüência.

Esses programas realmente eram muito atrativos para os clientes. Finalmente, as companhias aéreas diferenciaram o turista do trabalhador. Voar de graça e ser transferido para a primeira classe eram os grandes atrativos, e os *frequent flyers* faziam de tudo para ficar a par de cada nova regalia e de cada novo destino em que poderiam usar as milhas. É importante entender como, naquela época, os programas de *frequent flyer* eram realmente um grande negócio.

Trabalhando com uma pequena equipe na Epsilon Data Management, ajudei a United Airlines a criar o programa *Mileage Plus*, um dos primeiros desse tipo que oferecia prêmios. Alguns anos mais tarde, tive a sorte de criar a última entrada de uma grande companhia aérea nesse novo jogo: o WorldPass da Pan American Airways, o mais generoso de todos os programas do tipo *frequent flyer*. De acordo com analistas do setor de companhias aéreas, o World Pass provavelmente contribuiu com a capacidade de a Pan Am se manter no negócio por mais uma década. Essa é uma historia sobre como criar empolgação e valor da informação, mesmo quando você é ABSOLUTAMENTE A ÚLTIMA empresa de seu setor a dar reconhecimento a seus clientes mais importantes.

Até 1981, todas as outras grandes companhias aéreas dos Estados Unidos já tinham desenvolvido programas do tipo *frequent flyer*, e a Pan Am estava sentindo o resultado disso no bolso. Então, o que fazer? A empresa tinha sorte de contar naquela época com um diretor de marketing como Adam Aron, que possuía o dom natural para o marketing e estilo e, também, sabia valorizar o poder das grandes idéias.

A abordagem característica de marketing para *frequent flyer* não era tão generosa como parecia. Na época, o objetivo era gastar o mínimo necessário para se comunicar com os clientes que viajavam a negócios e restringir ao máximo os prêmios por milhas voadas.

Adam teve uma idéia diferente. Ele me encarregou de criar um programa que parecesse dispendioso, com uma estrutura de prêmios maior. Ele queria estar à frente dos concorrentes – todos tinham programas bem-estruturados e, na maioria dos casos, a vantagem de ter começado quatro ou cinco anos antes de nós. Já que a Pan Am era a última a chegar à festa, Adam decidiu que ela usaria um vestido que chamasse a atenção de todos.

A principal promessa do programa da Pan Am era premiar os passageiros que voassem um número específico de milhas anualmente com um *world pass*. Na realidade, era um cartão plástico dourado que autorizava você e um acompanhante a voar para qualquer destino servido pela extensa rede mundial da Pan Am na primeira classe, gratuitamente, por 30 dias.

8 Roube Estas Idéias!

Essa estratégia foi um sucesso desde o primeiro dia. Nenhuma outra companhia aérea oferecia um prêmio que nem de longe se assemelhasse ao da Pan Am, e nenhuma delas estava à altura da estrutura abrangente, que servia o mundo todo, pela qual a Pan Am era famosa. O resultado foi imediato. O *WorldPass* deixou os passageiros, funcionários da Pan Am e a imprensa especializada no setor empolgados. A idéia de Adam de oferecer ao cliente algo verdadeiramente atrativo e "mais valioso" do que a concorrência colocou o setor inteiro de cabeça para baixo e fez com que as outras empresas se empenhassem para alcançar a Pan Am.

Dessa forma, o último a chegar tornou-se o primeiro na mente dos *frequent flyers*. O pacote inicial para se associar ao programa, enviado por mala direta para 80 mil pessoas que viajavam com freqüência, continha uma passagem gratuita de ida e volta, válida pelos próximos seis meses, para qualquer lugar do país – sem restrições de datas, apenas com uma única condição – associar-se ao programa *WorldPass*.

O índice de resposta a essa única carta foi superior a 50%. Provavelmente, o recorde de todos os tempos da história da mala direta, com exceção de respostas a correspondências enviadas pela Receita Federal!

Empolgar o Consumidor: Outros Breves Relatos sobre Companhias Aéreas

American Airlines – Quando você se associava ao *Admirals Club* no início da década de 1970, recebia um certificado grande, manuscrito e com uma linda moldura, que confirmava sua condição de associado. Esses certificados costumavam ser colocados nos escritórios e constituíam um verdadeiro símbolo de status.

Continental Airlines – Nas décadas de 1960 e 1970, o lendário presidente Robert Six, escrevia, uma ou duas vezes por ano, uma carta para os melhores clientes, que muitas vezes se estendia por duas páginas. Ela era tão pessoal, tão bem escrita, tão sincera, que os clientes não somente a guardavam como lembrança, mas também continuavam a voar com a Continental apenas para permanecer na lista VIP da mala direta.

Braniff International – No final da década de 1960 e na década de 1970, a Braniff atraiu a atenção com aeronaves pintadas em cores vivas, com assentos de couro em todas as classes, boa comida servida em pratos de porcelana fina e comissárias de vôo vestidas com elegantes uniformes da grife Halston. As pessoas realmente esperavam com ansiedade o momento de entrar em um avião da Braniff – era incrível!

Uma para o Caubói

Em 1983, o Republican Senatorial Committee queria terminar o ano com uma grande campanha para angariar fundos entre seus 200 mil melhores contribuintes. Naquela época, o Comitê gastava regularmente 50 centavos de dólar em cada carta extremamente personalizada elaborada em computador e enviada para os doadores de campanha.

Sabedor de que eles desejavam ultrapassar as iniciativas anteriores de captação de fundos, eu os convenci a tentar algo totalmente diferente para seu pedido de final de ano: uma carta simples, porém muito especial, que custaria aproximadamente 7 dólares para ser enviada. Eles concordaram, e o resultado foi que uma única carta angariou mais fundos (mais de 2 milhões de dólares) do que seu arqui-rival, o Democratic Senatorial Committee, havia conseguido durante o ano inteiro.

Eis aqui o que continha esta carta de 7 dólares:

a) Um envelope que parecia o pacote da FedEx mas que, na verdade, era enviado pelo Correio dos Estados Unidos.

b) Uma carta de duas páginas com um selo dourado do Senado gravado em relevo.

10 Roube Estas Idéias!

c) Uma foto 12x15 cm, em quatro cores, do presidente Ronald Reagan, autografada, com uma mensagem personalizada: "Stephen, agradeço o apóio contínuo. Ronald Reagan."

Sim, é verdade, tínhamos 200 mil fotos autografadas, com uma nota escrita à mão para cada destinatário. O presidente Reagan era muito ocupado, então o trabalho ficou para um grupo de mulheres de uma empresa de mala direta de Massachusetts que ganhou um dinheiro extra para fazer isso. Cada uma delas recebeu uma amostra da assinatura do presidente para copiá-la e produziu uma imitação bastante fiel.

O que poderia ser mais empolgante para um fiel simpatizante do Partido do que receber do presidente uma foto autografada por ele? Eles adoraram a atenção que lhes foi concedida, e o índice de resposta para esse pacote foi superior a 40%, em vez de meros 5% a 10%, que era o que geralmente acontecia.

Não Saia de Casa sem Ele

Karl Malden personificou a American Express Travellers Cheques durante 25 anos – um tempo extraordinário para qualquer garoto-propaganda. Seus anúncios de Travellers Cheques feitos para a TV eram uma combinação perfeita de empolgação, informação e um apelo à ação persuasivo. Primeiramente, você via um ladrão roubando dinheiro da carteira, da sacola de praia ou do quarto de hotel de um pobre turista que nada suspeitava. Em seguida, Karl entrava em cena, parecendo o tira que ele fazia na famosa série de TV *São Francisco Urgente*. Ele olhava para você e dizia: "Isto poderia acontecer com você!" E, por fim, o apelo à ação: "Não deixe um ladrão estragar suas férias. Use os Travellers Cheques da American Express." Não é surpreendente que a American Express tornou-se a líder dessa categoria, com uma participação de mercado de 75%.

O Malvado Joe Greene

Às vezes, simples recursos visuais podem por si só criar emoção, empolgação. A Coca-Cola fez uma propaganda colocando lado a lado um gentil torcedor de 10 anos de idade e Joe Greene, jogador da linha defensiva do time de futebol americano do Pittsburgh Steelers, um homem muito grande e que todos esperam que seja mau dentro do campo de jogo.

Cansado depois de um longo jogo, e com um olhar carrancudo, intimidador, Joe aproxima-se do menino que está segurando em sua mãozinha uma grande garrafa de Coca-Cola. Joe olha para baixo, na direção do menino que, ignorando seu olhar carrancudo, observa-o cheio de admiração. Um torcedor fiel, ele oferece sua Coca a Joe. Joe hesita um momento, então pega a garrafa e bebe avidamente em um único e completo ato para matar a sede. Ele devolve a garrafa para o menino e diz com um leve sorriso: "Obrigado, garoto." A essência de "Beba uma Coca e Sorria."

Mr. Whipple

Papel higiênico é algo que não empolga as pessoas. Mesmo assim, a Charmin conseguiu criar um personagem peculiar, incomodado pelos clientes do supermercado, e que se tornou memorável.

Pobre Mr. Whipple, que cuidava da prateleira do produto da Charmin e se esforçava para mantê-lo em perfeitas condições. Isso prendia a atenção do telespectador que ficava observando como Mr. Whipple iria pegar o próximo cliente que apertava o produto da Charmin.

Mr. Whipple fazia o produto da Charmin parecer tão macio que você sentia vontade de apertá-lo, mas na privacidade de sua própria casa, sem ser apanhado por Mr. Whipple. Grande apelo à ação. Um dos melhores exemplos de como fazer um produto destacar-se em sua categoria.

Peter Lynch, Lily Tomlin e Don Rickles

Como setor, os serviços financeiros baseiam-se ano após ano nas mesmas velhas imagens estereotipadas em sua propaganda. Todos nós queremos informações e segurança financeira para nossa família, mas ficamos entediados com as tentativas mal-feitas de chamar nossa atenção.

Os serviços financeiros também têm o problema de ser uma categoria que suscita pouco interesse. Se você não puder comer, vestir, dirigir, usar ou jogar, então é algo que desperta pouco interesse. Na realidade, você nunca vê ou toca a maior parte das formas de dinheiro, e o dinheiro no seu bolso realmente não tem caráter ou laços emocionais.

Se você quer mais uma prova de como é difícil empolgar consumidores com propaganda de serviços financeiros, pense que nenhuma empresa desse setor nunca chegou a ser incluída na lista das 50 maiores campanhas de propaganda de todos os tempos do *Advertising Age*.

Como responsável pelo marketing de varejo do Fidelity Investments no final da década de 1990, eu estava decidido a me desviar da abordagem usual indefinida do setor com relação à propaganda e inserir muita personalidade e uma campanha que iria definitivamente mexer com o setor.

Qualquer pessoa que investiu dez centavos na bolsa, nos Estados Unidos, sabe quem é Peter Lynch. E Peter sempre foi um grande defensor da idéia de que os consumidores precisam entender como investir bem. Então, no meu início no Fidelity, decidi que Peter seria um garoto-propaganda perfeito para a nova campanha. Ele nunca havia participado de qualquer propaganda. E o Fidelity nunca pensou antes em usar uma pessoa real para promover sua marca.

Mas eu não queria que Peter fosse mais uma cabeça falante, mesmo que existam muitas maneiras criativas de tornar uma pessoa um porta-voz convincente. Eu decidi entrar em território des-

Os Três Ingredientes Secretos das Campanhas de Marketing Bem-Sucedidas **13**

conhecido. Pegue um assunto sério, gestão de investimentos por exemplo, e crie uma campanha que divirta e informe sobre questões como aposentadoria, gestão de portfólio e o valor de investimentos a longo prazo.

Entram em cena dois fantásticos atores, dois cômicos de nível internacional, Lily Tomlin e Don Rickles, que eu coloquei para fazer dupla com Peter em uma série de comerciais na TV em 1998 e 1999. O efeito foi imediato. Os funcionários adoraram essa abordagem inovadora. Estavam empolgados por Peter ter-se convertido em um personagem público para representar a empresa e por haver dois personagens interessantes com os quais ele interagia. E, naturalmente, os clientes e potenciais clientes também adoraram esses anúncios. Eles eram simplesmente diferentes. Era até divertido assisti-los e ouvi-los. As pessoas se comunicavam por telefone ou via Internet sempre que um desses anúncios entrava no ar.

Em Linguagem Simples: O Que É uma Marca? O Que Faz Dela uma Marca de Sucesso? Como Você a Gerencia?

O BRANDING EXISTE DESDE QUANDO os homens surgiram na Terra. Desde o dia em que nascemos, constantemente nos comparamos a outras pessoas até o dia de nossa morte. Mesmo após a morte, ficam as lápides para marcar eternamente o que nossa vida representou em comparação com a pessoa enterrada no túmulo ao lado.

Em poucas palavras, uma marca é uma pessoa, lugar ou coisa reconhecidos. Nossa tarefa, como profissionais de marketing, é criar marcas que sejam individuais e diferentes dos produtos ou serviços similares oferecidos pela concorrência. Toda a base está na diferenciação.

Marca, na maioria dos casos, significa, quase sempre, uma garantia de um produto ou serviço. Na realidade, os mercadores de mármores romanos merecem o crédito por terem sido os pioneiros na utilização da primeira garantia de marca. Para anunciar que o mármore era totalmente puro, eles marcavam as placas de mármore com as palavras *sine cere*, o que deu origem à palavra sincero. Isso significa "sem cera", garantindo que aquele mármore que se havia comprado era puro e sem fissuras preenchidas com cera. Os mercadores que vendiam mármore marcado de forma ilícita com as palavras *sine cere* eram executados. Ainda bem que hoje não somos tão rígidos com os gerentes de marcas.

Todas as marcas conhecidas e de sucessos em geral, são descritas com uma ou duas palavras. Elas atingiram um nível tão alto de reconhecimento que você imediatamente identifica o que elas representam. Uma marca de sucesso o inspira a gostar dela, percebê-la, lembrá-la para sempre ou até mesmo odiá-la ou temê-la.

Uma das marcas mais conhecidas e de sucesso na era moderna é a bandeira dos Estados Unidos. Esse ícone pode ser resumido em uma palavra: liberdade. Para a maioria das pessoas que ama a liberdade no mundo, ela representa o ideal pelo qual os seres humanos vivem: o livre arbítrio e a possibilidade de realizar seus sonhos.

As marcas verdadeiramente importantes têm quatro atributos em comum. Elas são inspiradoras, indispensáveis, confiáveis e únicas. É difícil para qualquer profissional de marketing criar os dois primeiros atributos, a menos que você faça marketing de um país ou de uma religião. Porém, batalhar para fazer com que sua marca seja confiável e única é o desafio em que os profissionais de marketing deveriam se concentrar a todo instante.

As marcas são complexas e aparecem de diversas formas. Algumas são "vagas" e significam coisas diferentes para pessoas diferentes. Os políticos constituem um excelente exemplo dessa ambigüidade. Para alguns, George W. Bush é um visionário, homem que tem foco e princípios, franco, um defensor da liberdade. Para outros, ele é ignorante, perigoso, arrogante e fanfarrão.

Frank Sinatra, que dificilmente pode ser descrito em poucas palavras, é outro exemplo de uma marca com características complexas e, às vezes, opostas. Durante muitos anos, em frente à sua casa em Palm Beach, Califórnia, havia uma grande placa que dizia: "Cuidado com o Dono do Cachorro." Talvez isso resuma tudo. Sinatra podia ser maldoso, duro, inflexível e rígido. Ele também podia ser gentil, extremamente leal e atencioso. Podemos dizer que ele era impetuoso. Sem dúvida, um dos melhores cantores de todos os tempos. Realmente bom. Uma marca permanente, porém difícil de definir.

Em geral, uma marca pode ser descrita com poucas palavras:

Nike	Equipamentos esportivos
Coca-Cola	Refrigerante
Marlboro	Cigarros
BMW	Carros com engenharia alemã
Porshe	Carros velozes e de grande desempenho
FedEx	Entrega de um dia para o outro
UPS	Entrega de encomendas
Schwarzenegger	Exterminador/governador
Apple	Computadores pessoais inovadores
IBM	Gigante da tecnologia
Pentágono	Quartel geral militar dos EUA
NBC	Rede de televisão
ESPN	Canal de esportes
Playboy	Revista masculina
Paris Hilton	Uma viciada em aparecer
Britney Spears	Cantora *sexy* de quinta categoria
The Masters	O torneio de golfe dos sonhos
Four Seasons	Hotéis de altíssima categoria
Motel 6	Acomodações baratas
Las Vegas	Meca de jogos de apostas
MIT	Paraíso tecnológico para os *nerds*
Harvard	A melhor o tempo todo

A maneira de você diferenciar seu produto ou serviço da concorrência é todo o foco da gestão de marca bem-sucedida. Fundamentalmente, a construção e a gestão de uma marca consistem na combinação destes quatro elementos de marketing:

1. Uma proposta de venda única e persuasiva

2. Uma forte imagem visual da marca
3. Produtos inovadores e confiáveis
4. Propaganda memorável e integrada

Nós capítulos seguintes, você encontrará informações adicionais sobre os itens 1, 2 e 4.

Proposta de Venda Única

Você deve ser capaz de descrever em uma ou duas frases o que move seu negócio, o que o torna único, como seus funcionários conseguem entender plenamente o que seus melhores esforços produzem e como e o que torna sua empresa especial.

Um dos meus exemplos favoritos de uma proposta de venda única vem de um almoço que participei alguns anos atrás. Sentado ao lado do responsável pelo marketing da Harley Davidson Motorcycles, perguntei a ele por que a Harley era a marca *premium* no mundo das motocicletas, ano após ano. Ele respondeu o seguinte:

"Permitimos que caras brancos de meia idade e com excesso de peso usem roupas de couro nos finais de semana e viagem em suas Harleys para pequenas cidades e povoados assustando um bocado os moradores locais."

Essa é a descrição mais sucinta de uma proposta de venda única que ouvi em toda minha vida. Tenha certeza de você também é capaz de comunicar sua proposta.

Imagem Forte

Símbolos ou logos fazem as marcas permanecerem para sempre em nossas mentes; são como uma abreviação da marca. Em seus melhores exemplos, elas são irresistíveis e universais, como o *swoosh* da Nike, IBM para a International Business Machines, BMW para Bayerische Motoren Werke. Eu acho que hoje a maioria dos compradores de carros nem sequer pensa que BMW significa alguma

18　　　　　Roube Estas Idéias!

outra coisa além de BMW. Combinando seu logo e seu *slogan* forte e elegantemente simples, "A Máquina de Dirigir Definitiva", a BMW aparece constantemente no topo do competitivo segmento de carros de luxo.

Você sabe que conseguiu o que queria quando seu símbolo é tão forte que não é preciso dizer mais nada. Durante muitos anos, a Shell Oil tinha a palavra "Shell" dentro de seu logo amarelo em forma de concha. O logo se tornou tão reconhecível que a Shell acabou eliminando a palavra – ela não era necessária e, na realidade, era redundante.

Produtos Inovadores e Confiáveis

Sem um produto inovador e confiável, todos os melhores *designs* de logos e propostas de venda únicas não servem para nada. Uma empresa deve continuar inovando e não deve abdicar da confiabilidade para se distinguir no mercado. É por isso que o desenvolvimento de um produto, como uma iniciativa, tem tanta importância e geralmente constitui um elemento-chave de qualquer esforço de marketing.

Existem inúmeros exemplos de empresas voltadas para produtos. Certamente, os fabricantes de automóveis estão entre elas. A inovação foi a marca da Eastern Airlines quando lançou o primeiro serviço de ponte aérea – dando ênfase à confiabilidade – algo que até hoje somente os serviços de ponte aérea conseguem oferecer.

O assunto deste livro não é como criar produtos. É como fazer o marketing desses produtos.

Mas um marketing de qualidade não pode ser substituto de um produto sem brilho. Se você estiver em uma empresa com um produto medíocre, caia fora antes de vê-la fracassar.

Propaganda Memorável e Integrada

Grande parte das propagandas não tem imaginação e às vezes é cansativa e desrespeitosa. Quem pode culpar as pessoas por pular comerciais, mudar de emissora de rádio ou de não prestar atenção às páginas de anúncios nas revistas se eles são chatos? Seu objetivo, como defensor de uma marca, é atrair a atenção das pessoas e transmitir uma mensagem inesquecível em cada oportunidade apropriada na mídia.

É muito simples: quanto menos as pessoas têm de digerir, maior probabilidade de lembrar daquilo que ingeriram. Combine concisão e uma mensagem persuasiva e você terá um anúncio inesquecível. O grupo que comandava a campanha presidencial de Lyndon Johnson em 1964 entendeu isso quando decidiu mostrar como seria imprudente votar em seu adversário, Barry Goldwater, e criou a famosa Propaganda da Margarida.

A propaganda começa com uma menininha bonita em um campo de flores, arrancando pétalas de uma margarida e contando 1, 2, 3, 4, 5, 6, 7, 8, 9. A câmera enquadra seu rosto, depois seu olho e então a tela fica toda preta. Surge, então, uma voz masculina fazendo contagem regressiva: 10, 9, 8, 7, 6, 5, 4, 3, 2, 1, 0.

Ouvimos um barulho enorme, e a imagem de uma explosão nuclear enche a tela. Ouve-se, então, a voz de Lyndon Johnson, evocando o poeta W. H. Auden: "Estas são as apostas. Criar um mundo no qual todos os filhos de Deus possam viver livres ou caminhar para a escuridão." A nuvem do cogumelo atômico se transforma em uma tempestade de fogo, e a voz de Lyndon Johnson continua: "Devemos amar uns aos outros ou devemos morrer." A tela fica preta, e aparece uma frase escrita com letras brancas: Vote no presidente Lyndon Johnson no dia 3 de novembro. Uma voz em *off* diz: "Vote no presidente Lyndon Johnson no dia 3 de novembro. Há muita coisa em jogo para que você fique em casa."

Nem é preciso dizer que o pessoal de Goldwater não gostou e conseguiu tirar a propaganda do ar, o que serviu apenas para dar mais publicidade ao anúncio.

Um exemplo mais contemporâneo de propaganda memorável é uma campanha, que ficou muito tempo no ar, feita para a Champion Mortgage na década de 1990. Voltada para pessoas que precisavam de dinheiro, mas tinham poucas condições de pedir um empréstimo, os anúncios da Champion eram diretos, com uma mensagem eficaz logo no início. Seu porta-voz, o fundador da empresa, terminava cada comercial com uma promessa: "Quando seu banco diz não, a Champion diz SIM!". Essa frase e o número para fazer a ligação gratuita eram tudo que você precisava saber. E a frase estava em todo lugar, integrada em todos os comerciais de televisão, anúncios impressos, folhetos, informações sobre empréstimos, camisetas ... tudo que você puder imaginar.

Sempre um passo à frente e freqüentemente muitos saltos à frente da concorrência em termos visuais, a Apple lançou seu aparelho de música pessoal, o iPod, em 2001. Ela criou uma campanha impressionante em termos visuais em que utilizou cores *techno* brilhantes como pano de fundo para mostrar o produto em ação por cima de silhuetas de pessoas em movimento.

Não importa quem você é, de onde você vem, qual é a sua idade, você entende o que é o iPod no momento em que vê as propagandas na mídia impressa ou na TV. Eles são tão simples, tão visualmente irresistíveis que você não tem escolha – seu olho é imediatamente atraído. A campanha para o iPod da Apple é o melhor exemplo do poder de uma mensagem simples, em que as imagens contam a história do produto um milhão de vezes melhor do que palavras.

Como você pode ver, a gestão de marcas não precisa ser complicada e não exige que você leia livros enormes com diagramas e gráficos que mostram a vida de uma marca. O *branding* não é composto de princípios científicos, como a física. A gestão bem-sucedida de marcas inclui os quatro elementos descritos anteriormente. Se você se concentrar em como atingir a excelência em cada um deles, você e sua marca vão prosperar. A única coisa necessária para um marketing bem-sucedido são idéias simples realizadas de maneira brilhante que reforçam a mensagem de sua marca.

Como Criar uma
Proposta de Venda Única

TODAS AS EMPRESAS PRECISAM de uma proposta de venda única (PVU) enunciada de maneira inteligível ou visualmente clara. Ela pode tomar a forma de uma breve declaração de missão ou de um *slogan* que repercuta junto a seus funcionários e clientes. Às vezes, ela pode ser simplesmente uma representação visual do produto ou do serviço. Termo que a maioria dos historiadores de propaganda atribui à lenda da publicidade, Rosser Reeves, uma sólida PVU ainda é a melhor maneira de diferenciar sua marca da concorrência.

A Federal Express é um exemplo de empresa tão alinhada intimamente com suas PVUs que elas acabam se constituindo uma só. Tudo isso começou com a brilhante idéia de Fred Smith. Idéia essa que seu professor da faculdade de administração disse que nunca iria funcionar. Em meados da década de 1970, Fred criou uma empresa com alguns pequenos aviões a jato Falcon e com uma grande campanha de propaganda criada pela Ally & Gargano:

"When it absolutely, positively has to get there overnight" (*Quando sua encomenda precisa absolutamente, necessariamente, chegar a seu destino de um dia para outro*). E dessa forma nasceu uma PVU para representar a promessa da Federal Express. Alguns anos atrás, a Federal Express reconheceu o uso generalizado de seu nome abreviado, FedEx, como um verbo que significa envio de um pacote ou documento de um dia para outro. A empresa, inteligentemente, mudou seu nome oficial para FedEx para protegê-lo como uma marca registrada.

Veja a garrafa de vidro de 225 ml da Coca-Cola. Este formato único é um dos mais reconhecidos do mundo, com ou sem o nome da marca. A Coca-Cola é a DONA desse formato de garrafa. Essa é sua PVU. Ela faz lembrar: "Somente com a Coca-Cola você pode pegar esta garrafa e matar a sede." Ao reconhecer o poder do design único de sua garrafa, a Coca-Cola colocou esse recipiente clássico de volta às prateleiras, incluiu esse formato de garrafa em seus anúncios e organizou sua volta triunfal ao mundo competitivo dos refrigerantes. Afinal, uma lata de refrigerante é apenas uma lata de refrigerante.

Provavelmente, o mais poderoso comercial de PVU de todos os tempos pertence à Marlboro, uma marca que vem mantendo uma participação no mercado mundial de aproximadamente 50%. O famoso caubói da Marlboro representa um posicionamento que dura mais de meio século e evoca um sentimento de liberdade para andar por aí, para ser "eu mesmo", para fazer o que quero e quando quero. É o romance em campo aberto – a mística de caubói que nunca desaparece, geração após geração, que atrai tanto mulheres quanto homens e pessoas de todas as raças, classes econômicas e nacionalidades.

Marlboro criou uma imagem universal tão forte que o caubói "gruda" na mente do consumidor, até mesmo quando não aparece em um maço de cigarros.

De fato, conforme dizem, foi uma decisão muito consciente tirar o caubói do maço de cigarros. Desde a década de 1950, quando a Phillip Morris lançou o Marlboro nos Estados Unidos, a agência de Leo Burnett era encarregada de cuidar das promoções da marca. A equipe de lançamento, comandada por Leo Burnett, fundador da agência, decidiu que não seria correto os fumantes esmagarem o caubói com as mãos ao jogar fora a embalagem – de certa forma, isso significaria esmagar a lenda e o sonho de "ser livre para fazer o que quero" que o caubói representa. Se foi uma idéia brilhante ou pura sorte, é difícil dizer dado o resultado.

A PVU da BMW fica inserida, sempre que possível, em seu logo – The Ultimate Driving Machine (*A Máquina de Dirigir Definitiva*). Essa PVU é sua promessa ao consumidor, e a empresa se esforça para cumpri-la no projeto e na engenharia de seus carros. A BMW cobra um preço *premium* em todas as suas categorias de carros e raramente oferece descontos. Eles gostam de se gabar do padrão de atendimento das concessionárias e fecham as revendas que não estão à altura desses padrões – algo que não é comum no negócio de automóveis. A BMW se justifica dizendo que não existe um carro melhor na estrada – um BMW é definitivo. Os clientes fiéis parecem concordar.

Três das Minhas Propostas de Venda Única Preferidas

Estes exemplos de PVUs são meus preferidos e representam uma amostra bem diferente: uma revenda de carros, um rum barato e a Igreja Episcopal.

1. **Revenda de carros em Boise, Idaho: "Fairly Reliable Bob´s*"**. Esse é o nome da maior revenda de carros de Idaho e me disseram que, sem dúvida, é a melhor. Acho que você poderia dizer: finalmente, uma revenda de carros que diz a verdade.

2. **Propaganda do Myers´s Rum: "Envelhecido e não Melhorado."** Tudo sobre esse anúncio da Myers´s Rum está explícito. Sem dúvida, o oposto de outras propagandas de bebidas alcoólicas e verdadeiramente único.

3. **Propaganda de Igreja Episcopal: "Em uma Igreja fundada por um homem que tinha seis esposas, não precisa nem dizer que existe perdão."** Esse anúncio impresso foi publicado há aproximadamente 10 anos e fazia parte de uma série que foi criada para aumentar a freqüência dos fiéis, que estava caindo rapidamente. A campanha foi um grande sucesso. Ela também gerou muitas controvérsias na hierarquia

---

* Este nome significa A Revenda de Bob que é Bastante Confiável. (N. de T.)

da Igreja e finalmente foi cancelada por razões de política interna – será que, às vezes, a realidade é dura demais?

Então, como você cria uma proposta de venda única persuasiva? Prometo que esse esforço passa longe das ciências exatas.

Como Criar uma Proposta de Venda Única

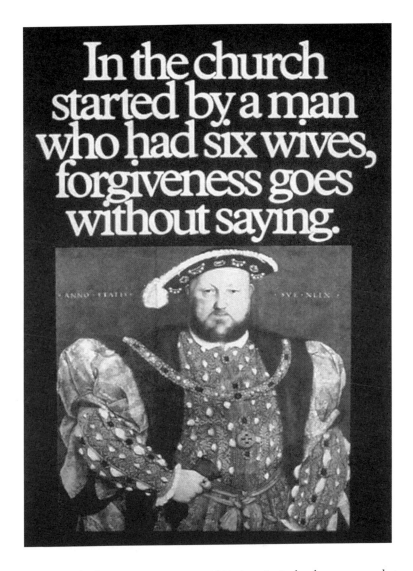

Em geral, ela se resume a uma idéia irresistível sobre seu produto ou serviço que está aí, na sua cara. Às vezes, ela é tão óbvia que é difícil reconhecer seu poder potencial. Você deve dar um passo para trás, ter uma melhor perspectiva e ser honesto o suficiente para dizer: "Este fato, bom ou ruim, é o que resume meu produto ou serviço".

Freqüentemente, as melhores PVUs são descobertas por acaso. Intuições não são eventos planejados, e é importante captar aquelas idéias fora do comum quando elas ocorrem. Ninguém na área de marketing deveria se afastar mais de meio metro de uma caneta e uma folha de papel. Eu sempre carrego essas ferramentas de trabalho quando corro, vou a um restaurante, cinema, festa de casamento, quando jogo golfe etc. Não importa onde estou na hora de dormir, em casa ou em um hotel, sempre há por perto um bloco de notas e uma caneta. Às vezes, as melhorem idéias surgem inesperadamente.

Analise seus concorrentes e como eles se posicionam, e depois se esforce para encontrar uma abordagem completamente diferente. Se todos os outros estão vendendo carros, você vende serviços. Se o apelo da cerveja *light* é que contém menos calorias, venda uma cerveja por causa de seu ótimo sabor. Se os concorrentes apregoam que o produto deles é barato, o seu é mais caro e vale cada centavo gasto com ele.

Para um dentista amigo meu (é sempre bom quando seu dentista é seu amigo), recentemente criei um *slogan* que diz a pura verdade, mas que nenhum outro dentista fala abertamente: "Você vem em primeiro lugar. Seu dente, em segundo."

No final, você deve se concentrar nos atributos básicos do produto e fazer com que eles apareçam como um argumento convincente de diferenciação.

Somente os Principais Atributos

Quer dizer que você tem um grande produto ou serviço com muitos atributos de primeira. Escolha os três mais persuasivos e faça deles o centro de todas as suas campanhas promocionais.

Uma longa lista de atributos pode ofuscar as principais razões pelas quais alguém iria comprar seu produto. Uma lista longa tira o olho e a mente de sintonia. Você tem carro? Quantos atributos foram realmente importantes na hora da compra? Provavelmente o preço, a garantia e a dirigibilidade.

Com muitos bens duráveis, é preciso dar ênfase à facilidade de uso, à confiabilidade, e à comodidade do serviço – será que ele estará disponível rapidamente e por um bom preço?

Qualquer que seja o produto, seus três atributos mais importantes são suficientes para dar ao possível comprador as informações que ele precisa para tomar a decisão de compra.

Crie ou Contrate ou Implore para Criar uma Personalidade Inesquecível, Única para Sua Empresa

A MAIORIA DOS HABITANTES DO PLANETA baseia-se em algum tipo de personalidade para explicar sua existência – Deus, Jesus, Buda, Maomé e todas as outras figuras religiosas importantes reverenciadas ao longo dos séculos. Então, não deveria surpreender o fato de uma personalidade de destaque poder causar um tremendo impacto na estratégia de propaganda.

As personalidades que aparecem em campanhas de sucesso inquestionável são muitas. Há algumas que criaram ou promoveram uma personalidade corporativa já existente: Colonel Sanders, Dave Thomas, Frank Purdue, Orville Reddenbacher, Chuck Schwab, Peter Lynch. Outras empresas usaram um rosto já conhecido para obter uma vantagem: Karl Malden, Andy Griffith, James Earl Jones, John Houseman, James Garner, Dinah Shore, Jamie Lee Curtis, O. J. Simpson e Candice Bergen.

Crie ou Contrate ou Implore para Criar uma Personalidade Inesquecível, Única para Sua Empresa **31**

Veja o caso do setor de serviços financeiros, uma categoria na qual todas as principais empresas oferecem produtos e serviços semelhantes. Um porta-voz bem escolhido pode fazer toda a diferença. No começo da década de 1980, a Smith Barney lançou uma campanha para aumentar o reconhecimento de seu negócio de corretagem. Eles contrataram John Houseman, um ator conhecido, cuja personalidade transpirava confiança e segurança, uma decisão que foi tão memorável quanto a campanha que eles criaram. Em todas as propagandas na televisão, John Houseman discutia uma situação financeira que você, telespectador, deveria conhecer, e então falava do *know-how* da Smith Barney. Ele sempre terminava com a seguinte frase: "Smith Barney. Eles fazem dinheiro da maneira antiga... eles o ganham."

Essa série de comerciais é uma das campanhas mais bem-sucedidas de todos os tempos. Pessoas que nem sequer haviam nascido no começo da década de 1980 insistem que viram esses anúncios na TV e repetem com freqüência o *slogan*, embora o comercial já esteja fora do ar há 20 anos. A força da personalidade não deve ser subestimada.

Um outro bom exemplo de personalidade é a American Express e Karl Malden, porta-voz na televisão e na mídia impressa da divisão de Travelers Cheques por 25 anos. Essa combinação personalidade/produto era tão forte que aconteceram duas coisas. A primeira é que, nos anos iniciais da campanha, a American Express construiu e manteve uma participação de mercado de 75%. A segunda é que Karl Malden tornou-se conhecido como garoto propaganda de *toda* a American Express. Para o público, ele era o Sr. American Express, mesmo que não tivesse nenhum papel em outra propaganda da empresa. A imagem de Malden se estendia a toda a marca por mérito do poder de sua personalidade.

Quando me perguntam sobre a utilização de porta-vozes, eu sempre respondo que devem ser usados. Por que mais empresas não fazem isso? Algumas acham que vai custar muito pagar uma pessoa. Outras não gostam da idéia de uma personalidade vendendo produtos em comparação ao produto vendendo a si próprio. Infelizmente, a maior parte dos produtos são *commodities* e precisam de algum tipo de impulso para entrar na órbita dos consumidores. Personalidades podem fazer isso, mais rápido, melhor e de maneira mais persistente do que qualquer plano promocional que esteja a nosso alcance.

Como Escolher a Personalidade Certa

Escolher um porta-voz pode ser o fator único mais importante da empresa na busca por um melhor desempenho financeiro anual. Não importa se você vai contratar uma celebridade ou o funcionário de sua empresa para ser o porta-voz de sua mensagem. Você deve certificar-se do seguinte:

1. Eles realmente gostam e entendem o produto ou o serviço que está sendo promovido. Esse ponto é MUITO importante. Não se consegue fingir facilmente que se tem interesse real. Os melhores porta-vozes sempre se sentem à vontade com o produto ou serviço e não hesitam em promovê-lo. Se houver um sinal, por mínimo que seja, de que "Não ligo para este produto" de um possível porta-voz, encontre outro, pois essa atitude vai transparecer, sempre.

2. Eles se sentem à vontade em situações sociais e até gostam de dar entrevistas e vão a eventos de funcionários. Se a pessoa não se sente bem em situações de grupo, não se preocupa em encontrar com os funcionários com freqüência, precisa de dois guarda-costas para dar três passos em qualquer direção, jamais quer atender a imprensa – ESQUEÇA. Além disso, não espere que a maioria das pessoas, e principalmente os atores, se sintam à vontade em público, pois elas não se sentem. Noventa e oito por cento das pessoas, não importa a profissão, têm medo de falar em público, não gostam de dar entrevistas e de falar de improviso. Seu possível porta-voz deve se sentir à vontade com a tarefa de falar em público. Se ele não estiver a fim de receber *coaching* nessa área – desista.

3. Eles são exclusivos de sua empresa – nenhum outro contrato e ponto final. Você não precisa contratar Tiger Woods porque outras quatro empresas fizeram isso. Você quer alguém só para você – de preferência alguém que nunca tenha representado uma empresa em uma campanha antes e, portanto, não se expõe de maneira excessiva.

4. Eles têm um apelo junto a homens e mulheres, de 8 a 80 anos. Com certeza, alguns produtos são apenas para mulheres, outros só para homens, mas você nunca sabe quando o outro sexo pode influenciar uma compra. As crianças influenciam os pais e, ocasionalmente, acontece o oposto. Identifique alguém que não ameace nenhuma faixa etária.

5. Eles têm de concordar em desempenhar seu papel em todas as mídias. Algumas pessoas querem apenas fazer propaganda para a televisão e não para revistas. Outras se recusam a gravar comerciais para rádio. Qualquer recusa significa que essa pessoa não serve para você. Em meados da década de 1990, quando eu era responsável pelo marketing da Key Corp, uma grande empresa de serviços financeiros, eu contratei Anthony Edwards da série *Plantão Médico* para ser nosso garoto propaganda. Ele foi um sucesso desde o primeiro dia. Ele atendia a todos os critérios mencionados anteriormente e estava animado e disposto a participar de todos nossos pontos de contato com o cliente. Eis a lista de aplicações de mídia em que Anthony concordou em participar:

- Televisão, mídia impressa, rádio, vários catálogos e panfletos
- Sinalização dentro da agência
- *Site* da Key Corp
- A voz do telefone gratuito da Key Corp para o qual os clientes ligavam para fazer todo tipo de pergunta, pedir informação sobre saldos, fazer consultas sobre produtos etc.
- Capa do relatório anual da Key Corp, incluindo uma entrevista com perguntas e respostas
- Presença constante nas reuniões com analistas e eventos de reconhecimento a funcionários

- Participação em várias conferências de imprensa todos os anos

Era ótimo trabalhar com Anthony, e ele é um modelo de como esses relacionamentos devem funcionar.

Indo para Hollywood

O primeiro passo para encontrar um porta-voz que não seja um funcionário da empresa é recorrer aos serviços de um agente comercial de primeira linha. As agências de propaganda têm acesso ao mundo dos agentes comerciais e, em geral, podem lhe indicar alguém com quem você se sinta à vontade para trabalhar. Comece com um encontro pessoal. Não delegue essa tarefa para sua agência. VOCÊ deve estabelecer um relacionamento contínuo com o agente comercial. Deve haver uma boa química entre vocês, e todas as partes envolvidas devem compartilhar de seu compromisso. Sem isso, as chances de sucesso diminuem de forma significativa.

Uma vez que você decidiu escolher uma personalidade para fazer uma tentativa, ambos devem se encontrar e discutir todos os aspectos do possível relacionamento. Mais uma vez, não esqueça da química pessoal. Se isso significa que você tem de atravessar o país e ficar em Los Angeles um dia ou dois, faça isso. Use os critérios que acabei de mencionar e você terá uma chance real de grande sucesso para ambas as partes.

Uma Palavra sobre os Narradores

A moda hoje é contratar pessoas famosas com uma voz agradável ou com timbre diferenciado para narrar os comerciais para a televisão. Isso não é para os fracos de coração. Os cachês anuais variam de US$50 mil a mais de US$ 1 milhão. E, embora se coloque muito dinheiro nisso, a maioria dos profissionais de marketing não consegue o máximo de retorno sobre o investimento, pois os narradores são utilizados em apenas uma mídia... televisão. O que realmente dá retorno é um porta-voz que apareça não apenas em suas propagandas, mas também narre em outras mídias. Use a voz dele no rádio e no seu serviço de atendimento ao cliente por telefone, de modo que a participação dele em sua campanha seja verdadeiramente integrada. A Verizon usa James Earl Jones dessa forma.

Mascotes

Os mascotes são atores que representam personagens criados exclusivamente para sua empresa. Eles, em geral, não são conhecidos do público até que estréiam como porta-vozes de sua empresa. Posicionados adequadamente, esses porta-vozes suscitam interesse, fidelidade e até são queridos pelo público.

Atualmente, as empresas não seguem esse caminho tanto quanto faziam nas décadas anteriores. Ao contrário, muitas apenas usam modelos ou atores desconhecidos para vender seus produtos sem injetar nenhuma personalidade em um porta-voz anônimo. Eles nem sequer fazem uma apresentação educada como "Esta é Anne Smith para os utensílios domésticos da Acme." Como é de se esperar, essa é uma abordagem anônima, sem graça e não recomendada.

Personagens Animados

A utilização de personagens animados no mundo da propaganda começou, quando surgiu a televisão, com Speedy Alka Seltzer (Bayer), Mr. Clean (*Procter & Gamble*) e Aunt Jemima (*Quaker*) e ampliou-se com personagens como Jolly Green Giant (*Green Giant*), Tony, o Tigre, Snap, Crackle e Pop (*Kellog's*), Trix Rabbit (*General Meals*) e Keebler Elves (*Keebler Company*). Com exceção de Speedy, esse grupo animado de personagens ainda está sendo usado atualmente, décadas depois de seu lançamento.

Provavelmente, o personagem animado mais famoso e que permaneceu por mais tempo é Pillsbury Doughboy, um bonequinho animado de massa da Pillsbury Company. Ele vale milhões de dólares em valor intangível e realmente personifica a Pillsbury na mente dos consumidores do mundo todo.

Os personagens animados são os porta-vozes mais fáceis de lidar. É fácil gostar deles, eles não são arrogantes, em geral não têm problemas pessoais e raramente espantam os clientes com seus pontos de vista políticos. Além disso, eles não precisam de seu próprio *trailer* ou camarim VIP, intervalos com *cappuccino* ou viagens no jato da empresa. Mas, como os seres humanos, precisam de contratos, devem ser exclusivos de uma determinada empresa ou produto e necessitam de serviços de um excelente especialista em marcas registradas.

As empresas com uma mensagem séria, além de biscoitos e cereais, podem também se beneficiar do uso da animação. O Metropolitan Life é uma prova positiva do poder de uma mensagem séria passada por personagens de desenho animado – Charlie Brown e sua turma de Peanuts. A Met Life tem usado os personagens de Peanuts há 20 anos e provavelmente usará por mais 20 e mais ainda. A empresa está sempre no topo da lista das mais lembradas nos grupos de foco sobre seguradoras. E claramente o negócio sério de seguros está melhor com esse relacionamento com Charlie Brown e sua turma.

Animais

A utilização de animais tem sido uma maneira popular de chamar a atenção do consumidor e conseguir sua simpatia com foco em uma determinada marca. Não é surpresa para ninguém que os fabricantes de rações para animais de estimação usam os animais como seus "porta-vozes". Morris, o gato, está entre os mais lembrados. Mas a pergunta é – que marca Morris representava? Certamente, não me lembro. Aí é que está o problema.

Sem dúvida, cachorrinhos bonitos ou gatos ou pássaros ou cavalos falando prendem imediatamente a atenção e em geral são lembrados com carinho por gerações. Em uma pesquisa com consumidores feita pelo Yahoo! em 2004 sobre os ícones populares da propaganda, o segundo lugar ficou com o Pato AFLAC. Eis os cinco ícones mais populares dessa pesquisa feita nos EUA:

1. Personagens da M&M (chocolates M&M)
2. Pato AFLAC (da AFLAC, companhia de seguros)
3. Mr. Peanut (mascote da empresa Planters, fabricante de salgadinhos)
4. Pillsbury Doughboy (mascote da Pillsbury Company, empresa de produtos alimentícios)
5. Tony, o Tigre (Kellog´s)

É interessante notar que todos, exceto o Pato AFLAC, estão vendendo seus respectivos produtos desde a década de 1950 e são tão populares hoje quanto 50 anos atrás. O que é mais uma razão para explicar por que as empresas escolhem personagens animados ou animais – eles nunca ficam velhos e mal-humorados. Eles nunca morrem. Eles moram no país das maravilhas em nossa imaginação.

Vamos voltar a falar das dificuldades em usar animais como o Pato AFLAC. As pessoas adoram o pato, mas não sabem o que a AFLAC realmente faz. A AFLAC estava diminuindo a importância do pato em sua atual campanha publicitária em uma tentativa de explicar melhor seus serviços. Portanto, a utilização de animais pode ser complexa. Quanto mais você puder inseri-los na mensagem do produto ou serviço real, maior a probabilidade de atingir o equilíbrio ideal entre um ícone simpático e o que realmente você oferece para os clientes.

Pessoas que Já Morreram

As pessoas que já morreram trabalham como porta-vozes também, mas apenas se a adequação for única, realista e de bom gosto. E pessoas que já se foram há muito tempo são mais adequadas do

38 Roube Estas Idéias!

que as que faleceram recentemente – pense em Henrique VIII, não em Henry Fonda. Mas, em geral, essa é uma categoria complicada e 95% das vezes não é a abordagem correta. Isso posto, existiram algumas campanhas nos últimos 25 anos em que a utilização de pessoas que já morreram realmente causou um grande impacto. Provavelmente, a mais lembrada foi uma campanha da IBM veiculada durante muito tempo na década de 1980 para sua linha de PCs que usou um personagem de Charles Chaplin como porta-voz. Chaplin interpretava o papel de um homem comum em seus filmes mudos e teve um enorme apelo, pois era como uma pessoa simples em um mundo complexo.

O personagem de Chaplin funcionou para a IBM em vários níveis, principalmente porque os PCs eram novidade no mercado. Primeiramente, ele reforçou a idéia de que um PC não era algo complicado. Você não precisava ser um gênio para fazê-lo funcionar; na verdade, qualquer um podia aprender como usar. Esse foi um ponto importante a ser transmitido quando surgiram os PCs. Os consumidores estavam cautelosos porque não queriam se complicar com uma nova máquina que eles não iriam conseguir usar. Em segundo lugar, o personagem de Chaplin é visto como simples e econômico, portanto, apesar do custo do PC, o possível comprador poderia pensar: "Nossa, não é uma extravagância comprar um PC." A campanha foi realmente brilhante e ajudou toda a categoria de PCs a decolar. Foi uma combinação perfeita entre um astro do cinema que tinha morrido há muitos anos e a tecnologia moderna.

E Fred Astaire e os aspiradores de pó Dirt Devil? Esses comerciais passaram na época do Natal durante muitos anos na década de 1990 e depois sumiram. Eles eram agradáveis e inteligentes, mas qual a relação entre ser ligeiro e limpar o chão? Bom, nenhuma. Além disso, a imagem de Astaire tendo como parceiro de dança um aspirador de pó depreciava a memória desse grande artista diante de milhões de fãs. No entanto, esses comerciais fizeram o Dirt Devil ser reconhecido como uma marca. Na verdade, não foi uma estratégia ruim de lançamento para uma categoria com pouco apelo.

No último trimestre de 2004, a Ford Motor Company começou uma campanha para relançar o clássico Mustang. Antigos clipes de filmes de Steve McQueen foram editados, e ele aparece como um ótimo motorista desse Mustang retrô com novo design. Esse astro de cinema machão das décadas de 1960 e 1970 realmente tem a ver com o público-alvo? Talvez com o pessoal de 50 anos ou mais. Mas não com possíveis compradores mais jovens, mas o tempo dirá.

Como afirmei anteriormente, você tem de tomar cuidado com porta-vozes que não podem mais falar por si próprios e que claramente nunca usaram a versão atual do produto ou serviço. Com exceção da IBM, em que uma pessoa imitava Chaplin, mostrar pessoas que já morreram significa chocar as pessoas para que prestem atenção em sua mensagem. Isso funciona, pelo menos para aqueles que se lembram ou leram sobre o personagem morto em questão. O resultado desse choque poderá ser bom, ruim ou indiferente para seu produto. Definitivamente é um negócio arriscado.

Há uma agência em Los Angeles especializada em representar pessoas famosas que já morreram através de seus herdeiros. Esse grupo, a Agência Roger Richman, é o lugar certo se você quiser adotar essa abordagem.

Mas e Se Meu Porta-Voz Fizer Algo Realmente Ruim?

Eu mencionei O. J. Simpson anteriormente. Por muitos anos, ele foi uma personalidade forte e muito admirada como porta-voz mundial da Hertz e fez sua parte para ajudar a empresa a ser a número 1 no setor de locação de veículos. Então, vieram os assassinatos e o julgamento. O que aconteceu? A Hertz agiu rápida e imediatamente cancelando o contrato de O. J. e qualquer presença promocional dele. Adivinhe o que aconteceu? Nenhum prejuízo, apenas a perda de uma grande personalidade. Então, não tenha medo de usar pessoas apenas porque há um risco de que a imagem delas fique comprometida no futuro. Se acontecerem problemas, vá em frente. Os consumidores farão o mesmo.

Você Precisa Ser Capaz de Ver e Ler

PARECE QUE HÁ UMA CONSPIRAÇÃO entre os diretores de arte, como se o papel tivesse sido inventado para criar anúncios impossíveis de ler. Primeiro, eles escolhem a menor fonte, a mais difícil de se ler e, então, diminua mais um pouco. Se isso não dificultar a leitura o suficiente, eles vão escolher uma fonte vazada em branco para piorar de vez.

Você deve pensar nesse problema como o "efeito 23/63" no qual um monte de diretores de arte de 23 anos cria anúncios e esquece que um monte de pessoas de 63 anos deveria conseguir ler esses anúncios.

Os diretores de arte não são pessoas ruins e, de fato, gostariam que seus anúncios fossem vistos. "Vistos", aqui, significa no mundo operacional. O foco principal dos diretores de arte é como os anúncios vão ficar do ponto de vista do design. Sua legibilidade não está entre suas prioridades. Os diretores de arte gastam bilhões de dólares da verba de marketing ano após ano em "testes de visão" que não funcionam. Sim, bilhões de dólares.

Pegue qualquer revista e tente ler os anúncios. A maior parte, digamos de 85% a 90%, contém fontes sem serifa (fonte reta sem desenho), tão pequenas que seu olho realmente não consegue se adaptar. E, é claro, você e eu fazemos questão de tentar ler os anúncios. Pense no seu leitor médio.

Quando uma pessoa pega uma carta ou folheto promocional ou olha de relance um anúncio em uma revista ou jornal, seus olhos se movimentam a cerca de 160 quilômetros por hora. O que vai fazer o olho parar subitamente? Com certeza, um título inteligente, que seja fácil de ler, vai diminuir a velocidade e até fazer seus olhos se deterem no anúncio por um segundo. Nesse segundo, o olho esquadrinha o restante do anúncio e tenta se concentrar no que ler em seguida. Se o restante do anúncio estiver escrito em uma fonte minúscula, o resultado provável será ir em frente ou, no caso de uma carta promocional, jogá-la no lixo.

Sua tarefa é proporcionar a seus anúncios TODAS as chances de que eles sejam vistos e que as pessoas tomem alguma atitude em decorrência disso. Fontes pequenas são o inimigo. Fontes sem serifa são o inimigo. Tipos vazados são o inimigo. E não insistir para que o diretor de arte obedeça à sua ordem é um pecado capital e imperdoável.

Você não precisa acreditar em minha palavra. Muitos estudos já foram feitos sobre a legibilidade das letras, das fontes utilizadas. Deixe-me citar um estudo do livro de 1995 de Colin Wheildon, *Type and Layout: How Typography and Design Can Get Your Message Across – Or Get in the Way* (Strathmoor Press): "O corpo do texto precisa ser produzido com uma fonte com serifa se o artista gráfico pretende que ele seja lido e entendido. É provável que cinco vezes mais leitores mostrem um bom entendimento quando se usa uma fonte com serifa em vez de uma sem serifa no corpo do texto."

Quatro Dicas para Conseguir Legibilidade

1. SEMPRE insista em fontes com serifa para todos os anúncios – assim como todos os jornais e principais revistas do planeta

as usam em seus artigos para ajudar os olhos a fazer contato com as palavras na página. Este livro é impresso com fonte com serifa. Quase todos os livros o são. Serifa quer dizer que cada letra termina com um traço ou barra que ajuda os olhos literalmente a terminar de enxergar a letra.

2. SE não houver outro jeito e você precisar usar uma fonte sem serifa, use apenas nos títulos com negrito.

3. SEMPRE se recuse a usar uma fonte vazada que simplesmente é impossível de ler. Deixe que seus concorrentes façam isso o quanto quiserem. Deixe-os desperdiçar dinheiro em anúncios que não oferecem legibilidade.

4. SEMPRE pense que seus leitores têm mais de 55 anos e use um tamanho de letra que convenha a eles.

Os Bons, os Ruins e os Horríveis

Durante vários dias, no final de 2004, selecionei ao acaso campanhas em revistas e jornais para demonstrar como é difícil ler muitos dos anúncios impressos atualmente.

Os Bons

Bristol-Myers Squibb

Esta é uma campanha de peso. Ela utiliza um herói americano real, Lance Armstrong, o maior ciclista dos Estados Unidos de todos os tempos, como garoto propaganda para mostrar o enorme impacto da indústria farmacêutica em poupar e prolongar a vida das pessoas. As grandes companhias farmacêuticas estão sob constante ataque do governo, do AARP (American Association of Retired Persons), dos advogados que se ocupam de ações coletivas, de... quase todo mundo. A Bristol-Myers Squibb na verdade contra-ataca, chamando a atenção para os milagres da pesquisa de drogas aplicada a uma

história convincente: Lance Armstrong vence a batalha contra o câncer e ganha sua sexta Volta da França, batendo seu recorde.

Nesse anúncio, tudo funciona. Ele conta uma história irresistível. O *layout* é simples e a fonte, fácil de ler. A Bristol-Myers Squibb também veiculou propagandas na TV com o mesmo tema.

Cores

Vermelha é a mais poderosa, a cor mais voltada para a ação, e ponto final. Pense em sangue, pense no touro. Você quer que os consumidores tomem uma atitude, certo?

Com regra geral, evite usar qualquer cor em material promocional que você vê na maior parte dos banheiros: bege, verde claro e azul.

Não importa se o seu público-alvo é rico ou pobre ou instruído ou idoso, todos reagem naturalmente a cores alegres. No que diz respeito a serviços financeiros, toda aquela conversa de que verde é uma ótima cor porque lembra dinheiro e vermelho não é porque implica "estar no vermelho" é simplesmente bobagem – qualquer que seja a cor.

A melhor combinação de cores contrastantes que facilita a legibilidade foi descoberta muito tempo atrás pela Western Union no auge do telégrafo e do telegrama – letras pretas sobre um fundo amarelo.

Se você nunca ler o restante deste livro, apenas arranque as páginas deste capítulo e pregue-as em sua escrivaninha. Siga o conselho sobre as cores e você aumentará muito as chances de que seu material de marketing seja lido.

O *slogan* é um pouco sentimental, mas reforça a mensagem que as companhias farmacêuticas precisam passar: "Nós transformamos vidas, eliminamos o sofrimento e somos muito bons nisso." Fica implícito: vocês estão muito melhores com a gente do que sem a gente. E eles estão certos.

Marcas Premium em Material Impresso: Onde Menos É Mais

As marcas *premium* que vendem produtos com os quais todos estão familiarizados não precisam de muita explicação, se é que precisam de alguma. Na verdade, o objetivo da propaganda em mídia impressa é mexer com suas emoções, de modo que você imagine como seria elegante usar aquele Rolex ou comprar um belo anel de diamantes para a pessoa que você ama, ou beber um uísque que realmente desce bem.

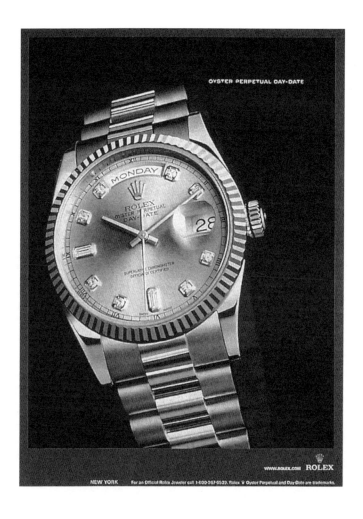

Ah, é claro, esses anúncios querem que você decida pagar mais, muito mais, pelo privilégio de possuir a marca que está sendo mostrada. Afinal de contas, você pode comprar um ótimo relógio por 100 dólares. O relógio Rolex mais barato custa cerca de 7 mil dólares.

É difícil superar o *slogan* mais famoso da indústria de diamantes: Um Diamante é para Sempre. Então, por que tentar? Em todos esses anúncios impressos, o produto é o HERÓI. E os consumidores ficam animados com a possibilidade de esse status de herói passar

um pouco também para eles. Note que, nesses anúncios, não há preço e praticamente nenhuma descrição dos atributos do produto – os detalhes iriam estragar o sonho, e as marcas *premium* dependem,

primeira e principalmente, da realização de um sonho. As propagandas dos relógios David Yurman até permitem que você se associe a celebridades do momento, como Ed Burns, que aparece nesta foto.

American Airlines

Eis dois anúncios da campanha de 2004 da American Airlines. Uma é ótima e a outro está longe disso. A propaganda com um *close* do rosto chama a atenção visualmente e para o fato de a American Airlines ter grande vantagem sobre as outras companhias aéreas baratas – a possibilidade de andar de primeira classe como um *frequent flyer* fiel. O outro anúncio não causa tanto impacto. O visual

Você Precisa Ser Capaz de Ver e Ler 51

de um saguão quase vazio dificilmente corresponde à realidade e é um cenário muito pobre. O *slogan* "Nós Sabemos Por Que Você Voa" é confuso. O que a American Airlines sabe exatamente? Eu simplesmente tento me deslocar do ponto A para o ponto B por vários motivos, e voar é apenas uma forma prática de fazer isso. Além disso, o setor de viagens, e particularmente de companhias aéreas, deve tomar cuidado em não prometer mais serviços do que pode cumprir – isto é, decolar e pousar no horário.

Portanto, mesma companhia área, mesmo ano, mas abordagens totalmente diferentes. Um merece nota A, outro, D+.

Thomas Pink – Conhecida Como PINK

Como você consegue vender camisas realmente caras? Tudo é imagem. E se o nome de sua empresa é uma cor, mostre-a de qualquer jeito – a faixa vertical rosa na borda direita é inconfundível e na medida certa. E, é claro, supõe-se que você saiba que a Thomas

Pink vende camisas de todos as cores, cortes e medidas. Mas, realmente, será que eles não poderiam deixar por um minuto de seguir a velha escola britânica e mostrar o endereço do *site* pelo menos para eu saber onde ficam as lojas nos Estados Unidos?

Vanguard

Há uma sensação agradável nessa série de anúncios que faz você se sentir bem em relação ao pessoal da Vanguard. Esse anúncio especificamente é sobre aposentadoria e sobre o tema do "deixe as coisas pesadas para nós." Afinal de contas, você pode fazer melhor

do que o grupo de gerentes de investimentos tão eficientes do Vanguard? Note que o anúncio tem um visual de livro e que está escrito "Capítulo 17" no topo da página. Como eu disse, gosto dessa sensação agradável – você se sente bem com o livro da Vanguard. Ele também passa a idéia de que a Vanguard tem tudo em "seu livro" que você pode querer em termos de investimentos em fundos mútuos. O *sticker* é um toque agradável. É impossível resistir!

AIG

Durante grande parte de sua história, a AIG (American International Group) praticamente não fez propaganda. Então, vários anos atrás, ela resolveu fazer uma campanha global de construção da marca. Todas as propagandas na mídia impressa e na TV são extremamente simples com um fundo azul característico e o logotipo simples da AIG vazado em branco que ocupa um terço da página. O discurso básico é "nós somos maiores e simplesmente melhores do que todos os outros no setor de seguros." O "AIG" escrito em

grandes letras maiúsculas passa essa mensagem de forma bastante eficiente. Nenhuma ostentação. Nenhum truque. Nenhuma tomada bonita de edifícios ou salas de conferência com pessoas nelas. Nós apenas fazemos o que fazemos e você, sem dúvida, deve prestar atenção. Muito eficaz.

The New York Times

E você achou que o *The New York Times* era um bando de repórteres radicais sem rosto produzindo sem parar notícias globais. É claro que só essa empresa jornalística tem o ego para fazer um guia

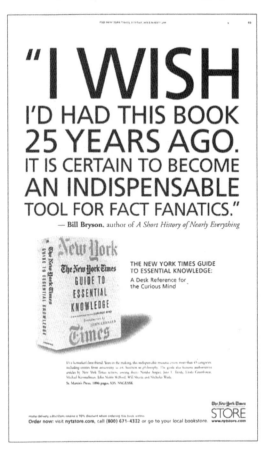

com todo o conhecimento essencial que você precisa saber. Mas essa propaganda prova que o *The New York Times* pode criar um *layout* melhor do que 98% das empresas que colocam anúncios em suas páginas. O título é ótimo. Faz você dizer: "É, quem me dera eu tivesse!"*

Bose

A Bose faz anúncios simples em branco e preto. Há bastante texto se você quiser ler tudo, mas você entende a história apenas dando uma olhada nos subtítulos. Nada chamativo para este fabricante

---

* O anúncio do *The New York Times* diz o seguinte: "Quem me dera eu tivesse este livro 25 anos atrás. Com certeza, ele se tornará uma ferramenta indispensável para quem é fanático por fatos." O título do livro é *Guia para o Conhecimento Essencial*. (N. de T.).

de equipamentos de som. Eles não precisam gritar. Eles se contentam em mostrar os fatos. Você quer comprar? Há varias formas de responder e de encontrar o preço – o que é exatamente a atitude que esses anúncios levam você a tomar.

Os Ruins

Os próximos quatros anúncios não são horríveis, mas cada um deles tem falhas que prejudicam a leitura.

Shell

Chega-se à conclusão de que os diretores de arte nunca ouviram falar em fontes com serifa.

Essa propaganda corporativa da Shell conta uma bela história de dias com combustíveis menos poluentes para o futuro do planeta, mas a parte superior do anúncio é muito poluída em termos visuais para realmente prender a atenção. O título é legível com um texto vazado em branco em um fundo preto simples, mas o olho tem problemas para ajustar-se a muitos tamanhos diferentes de fontes colocadas muito perto uns dos outros.

O texto no corpo do anúncio é simples, certamente legível em comparação aos anúncios péssimos que serão mostrados, mas o tipo com serifa aumentaria muito as chances de ele ser lido.

Cadillac

Este anúncio tem duas páginas – é o que se chama tecnicamente "anúncio de página dupla". No lado esquerdo, vê-se um bonito Cadillac prata sobre fundo preto, um visual agradável com um *look* que realmente tem algum apelo. Infelizmente, a parte principal do texto à direita não estimula você a continuar a leitura do anúncio.

Sem querer ser muito crítico, mas o título é inadequado e em um inglês ruim. Os pontos principais são que você obtém ótima performance e conforto ao dirigir. Por que ele não diz isso usando uma fonte maior para que os consumidores médios do Cadillac possam ler?

TD Waterhouse

Finalmente, uma propaganda com uma fonte serifada na parte principal do texto. Um título apropriado, fácil de ler. Então, o que está errado? Para os iniciantes, esse *layout* já foi usado um milhão de vezes e simplesmente não me faz parar para ler. Além disso, quem

Roube Estas Idéias!

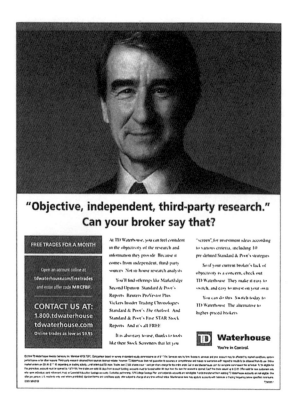

é este cara? É claro que se você assiste a *Law & Order*, conhece o rosto do ator Sam Waterson. O problema é que esse porta-voz não tem nenhuma relação com o restante do anúncio. Ele apenas olha para você como que informando que está sendo pago para... olhar para você.

Patek Philippe

Deixe para os suíços tentar vender-lhe um relógio de 25 mil dólares afirmando que seus herdeiros o merecem mais do que você. Mas tudo bem – é difícil para os fabricantes de relógios se diferenciarem entre si, e a Patek está reivindicando um nicho de mercado e se concentrando nele. O tipo de fonte é bastante legível e simples, em preto sobre fundo branco. Este anúncio não se aprofunda o su-

Você Precisa Ser Capaz de Ver e Ler 61

ficiente. Eu gostaria de saber por que eles acham que meu relógio pode durar 200 anos. Há fatos que comprovam que esse relógio vai durar por gerações? Essa propaganda precisa contar uma história, não apenas colocar um *slogan* com uma promessa ambiciosa de imortalidade e simplesmente seguir em frente.

Apenas Péssimos

Putnam Investments

Essa propaganda que apareceu no *Wall Street Journal* é uma brincadeira, certo? Tente ler se for capaz. A foto do fundador à esquerda é fácil de enxergar, supondo que você vai se importar em olhar para ela, mas o lado direito do anúncio é totalmente IMPOSSÍVEL de ler. Eu não consigo nem distinguir se a parte principal do texto deve ser lida na horizontal ou na vertical. E eu nem me importo com isso. Esse anúncio quase ganha o prêmio do menos legível. Mas, há sempre um outro ainda pior.

Barclays Global Investors

O Grande Prêmio de Ilegibilidade Total vai para este anúncio. Ele dispensa comentários.

Verdadeiramente Péssimos

Vamos começar com a edição de 15 de novembro de 2004 da revista *Business Week*. Eu descobri quatro anúncios diferentes de uma página, um após o outro, que são quase impossíveis de se entender ou de ler.

1. Archer Daniels Midland. O visual é muito estranho, com um menino bem cuidado, com uma colher na mão, que supostamente está... o quê? Agradecido, faminto, absorto, insatisfeito por ter sucrilhos novamente para o café da manhã? Mas o leitor nunca iria parar para ler o anúncio para

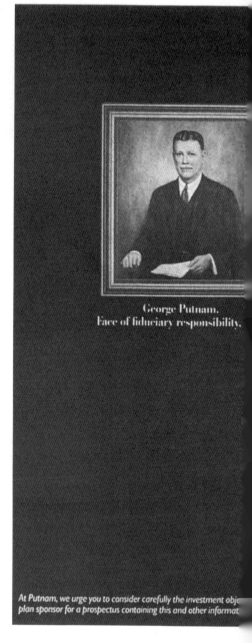

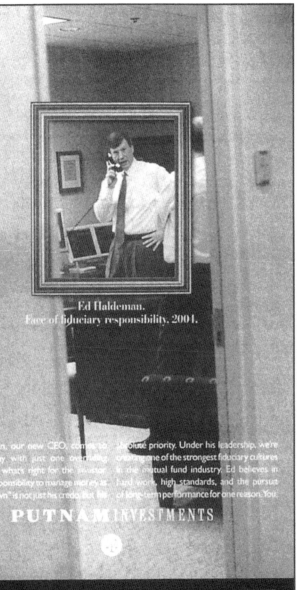

tentar entendê-lo. Este texto vazado em branco é um teste para olhos que não vale a pena fazer. E de que droga de empresa é esse anúncio? Se você realmente olhar bem para o canto inferior esquerdo, conseguirá ver que está escrito ADM – o que não significa absolutamente nada para 99,9% dos americanos.

Você Precisa Ser Capaz de Ver e Ler **65**

2. Samsung. Esta propaganda é simplesmente bizarra. Não há um local onde centralizar os olhos, apenas uma confusão de imagens que não fazem sentido. Você consegue ver o título: *Sculpted by Samsung*. Você não tem idéia do que a imagem do lado do título está tentando mostrar. E a parte principal do texto vazado em bran-

co está na parte inferior direita, que não vai merecer nada além de um mero olhar de relance.

3. Siemens. Uau, executivos em volta de uma mesa, um visual que vai.... fazer com que eu passe por ele voando! E, além disso tudo, mesmo se eu, por alguma razão desconhecida, tentasse ler o texto principal, precisaria de uma lente de aumento – talvez de um fabricante de produtos óticos da Alemanha!

4. UPS. Estou surpreso porque a UPS, em geral, faz um excelente trabalho de promoção visual de sua marca e de seus serviços. O título está bom, mas todo o anúncio é muito poluído e há um texto vazado em branco de novo – o que torna a leitura uma coisa desagradável; portanto, o anúncio terá pouco índice de leitura.

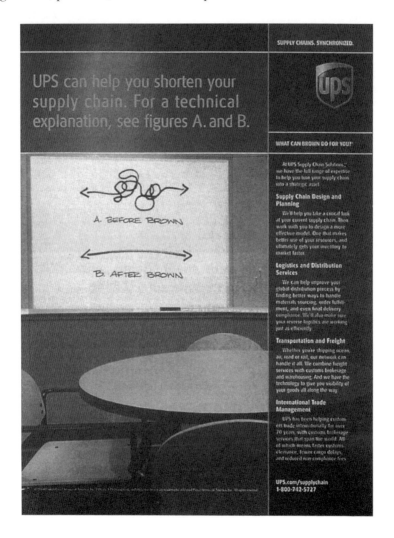

Os Folhetos Matam Árvores: Faça com Que a Morte Delas Valha a Pena

OS FOLHETOS, que consomem muito tempo para serem criados, também são os que têm a menor probabilidade de serem lidos pelo seu público-alvo. Você pode aumentar o índice de leitura de forma significativa se seguir quatro dicas que estão no último capítulo e estas seis sugestões:

1. Coloque uma fotografia de uma pessoa na capa do folheto juntamente com aquilo que eu chamo de olhos. São destaques rápidos, de uma ou duas linhas, sobre o conteúdo do folheto. A pessoa na capa pode ser seu porta-voz, seu chefe, um cliente ou um especialista no setor em que sua empresa atua. Não importa quem você vai escolher. Essa pessoa deve também ter destaque na parte interna do folheto, talvez no formato de uma entrevista.

2. Na segunda capa, resuma os principais pontos do folheto em negrito e em um texto fácil de ler. Afinal, por que forçar os leitores a ler todo o folheto para saber se interessa? Resuma os principais pontos logo no início. Dessa forma, você aumenta suas chances de que eles leiam o suficiente para tomar uma decisão em vez de colocar o folheto de lado "para quando tiver mais tempo" – um tempo que, em geral, nunca chega.

3. Diga aos leitores o que você quer que eles façam – em todas as páginas. Ligue para nós neste número gratuito e/ou acesse nosso *site*...

4. Use o formato de perguntas e respostas com freqüência dentro do folheto. Há um século, os psicólogos têm dito que as pessoas vêem as perguntas e, inconscientemente, querem ler as respostas. Quem é você para discutir com a psique humana?

5. Coloque em posição de destaque um nome de contato e endereço, de preferência na última capa.

6. Quando os potenciais leitores tiverem seu folheto em mãos, eles vão tomar uma decisão imediata, ou seja, se vão ler ou jogá-lo fora. Como você faz com que eles parem para ler e impede que o folheto vá para a lata de lixo? Lembre-se sempre disso quando estiver criando um folheto. Pense e aja como se fosse o editor de *layout* da revista *People*. E enquanto você estiver nessa atividade, assine a *People* para que se lembre todas as semanas do que "o pessoal por aí" realmente gosta ler.

Uma palavra sobre fotografia e ilustrações. Grande parte dos folhetos contém ilustrações abstratas ou fotografias de pessoas, lugares ou coisas que não têm nenhuma relação com o tópico que está sendo tratado. Elas geralmente estão lá para preencher um espaço e supostamente geram interesse para que o leitor manuseie o folheto do começo ao fim. EVITE esse tipo de abordagem.

Como regra geral, não preencha seu folheto com ilustrações sem critério, a menos que você atue na área de belas artes. E tenha certeza de que a fotografia se concentre apenas na pessoa ou local que faz parte da história.

Veja o folheto como uma revista pequena e faça como os grandes jornalistas e os fotógrafos de jornais. Imite fielmente esses profissionais na criação e execução de material promocional. Pense no que poderá fazer um leitor em potencial pegar o folheto com a mesma curiosidade e expectativa que as revistas populares geram em seus admiradores. Os mesmos princípios se aplicam aos relatórios anuais. Milhares de relatórios anuais são produzidos por empresas e organizações sem fins lucrativos. Grande parte consegue pouco mais do que uma rápida olhada em sua viagem de 160 quilômetros por hora da caixa de entrada até a gaveta do arquivo ou a lata de lixo. Não há motivo para que isso aconteça. Por que você não faz um relatório anual interessante de se ver e ler? Pense... revista pequena.

Quando eu era responsável pelo marketing da Key Corp, em um determinado ano, coloquei nosso porta-voz, Anthony Edwards, da série *Plantão Médico*, na capa de nosso relatório anual e Chuck Schwab no ano seguinte. Em ambos os casos, eles foram entrevistados em uma seção especial do relatório. Anthony, sobre como ele via seu papel de porta-voz em ajudar as pessoas a cuidar de suas finanças. Chuck, sobre o poder de combinar os recursos da Schwab e da Key Corp para oferecer ótimas opções de investimento para os clientes da Key Corp em todo o País.

Os relatórios anuais podem até gerar caixa. Tire proveito dessa comunicação anual e inclua uma seção promocional com algum tipo de oferta para os acionistas. Eles vão apreciar seu esforço de mostrar um item que podem querer comprar e você vai apreciar a diminuição nas despesas de impressão do relatório graças a esse algo a mais.

Quem disse que os relatórios anuais precisam ser terrivelmente chatos? Um relatório anual desinteressante mostra para os acionistas ou admiradores que você realmente não se importa se eles vão ou não ler e, conseqüentemente, que não se importa com eles. Deixe que seus concorrentes os matem de tédio. Você pode fazer melhor, muito melhor.

Há uma Razão de a Revista *People* Ser a Mais Popular de Todos os Tempos

Todos os anos, em bons e maus momentos, a revista *People* sempre mantém ou aumenta a circulação. E mais: ela tem maior número de páginas com anúncios do que qualquer outra revista do mundo.

Você pode traduzir o sucesso de *People* para suas próprias iniciativas de marketing, inclusive folhetos e outros materiais promocionais, utilizando estas quatro regras simples:

1. Use fotos de pessoas reais
2. Use legendas, SEMPRE
3. Escreva de forma concisa; não estamos falando de um relatório do governo
4. Deixe bastante espaço em branco em cada página

A revista *People* mostra pessoas reais, e você deve fazer o mesmo. Mostre as pessoas que comandam sua empresa, gerenciam o serviço ou que são clientes que concordam em aparecer. Evite usar modelos pagos ou fotografia de pessoas que existem em bancos de dados que ninguém sabe quem são.

Pessoas sempre querem saber sobre pessoas.

As Revistas Preferidas

Todos os anos, as pesquisas conduzidas pela *Advertising Age* e outros analistas do setor editorial mostram que a revista *People* é a preferida dos americanos. Eis as seis revistas preferidas que constam da última pesquisa disponível da *Advertising Age*.

People	56,7%
Maxim	49,6
Entertainment Weekly	48,0

Rolling Stone	42,4
New York magazine	34,0
GQ	32,2

Nota: Pesquisa da Ad Age de 2003 feita pela Lightspeed Research.

7
Slogans Eternos

HOJE, GRANDE PARTE DAS FRASES DE EFEITO OU *SLOGANS* são chavões que apelam para a confiança, dedicação, parceria, excelência, realização, mamãe e bolo de chocolate. Eles se concentram em uma categoria de negócio ou na vida em geral – mas não na empresa.

Veja o exemplo da indústria de serviços financeiros, conhecida por seus *slogans* pouco memoráveis. Esses epítetos, alguns para empresas que agora fazem parte de outras, não inspiram ninguém, parecem todos iguais e, em geral, são bobos, mudam freqüentemente e, como Macbeth diria, nada significam.

- "O relacionamento certo é tudo" — JP MORGAN CHASE
  Estou usando um serviço de encontros?

- "Siga sua liderança" — NATIONAL CITY
  Quem é meu dono e onde está a coleira?

Slogans Eternos 75

- "O que quer que for preciso" — BANK ONE
  Então, vale atividade ilegal?

- "Idéias para seu estilo de vida" — BARNETT BANK
  Os bancos fazem decoração?

- Você não é apenas investido, você é pessoalmente investido — FIDELITY
  Puxa, desde o começo eu pensei que era o dinheiro de outra pessoa!

- "Faz a vida valer a pena" — AMERICAN EXPRESS
  OK, e tudo o que eu tenho de fazer é comprar coisas?

- "Pensando no futuro" — FLEET
  É melhor do que pensar no passado, suponho.

Slogans de sucesso são diferenciados e refletem o foco da empresa. Eles devem captar a imagem da marca da empresa diretamente. Com um *slogan* preciso, o consumidor deve ser capaz de identificar instantaneamente um setor ou, melhor ainda, uma empresa. *Slogans* sólidos devem passar pelo teste do tempo e raramente mudam, se é que mudam alguma vez. Idealmente, o *slogan* deve descrever ou ser a proposta de venda única de sua empresa. Seja direto. Seja relevante. Seja empolgante.

Eis alguns exemplos de *slogans* que passaram pelo teste do tempo e que imediatamente evocam o nome da empresa. O *slogan* da Nike é o mais recente: existe há cerca de 15 anos. Muitos dos outros estão sendo usados há 25 anos ou mais e muitos deles são reconhecidos por milhões de pessoas instantaneamente.

- "This Bud´s for you" (*Cerveja Budweiser*)
- "Just do it" (*Nike*)
- "You´re in good hands with Allstate" (*Seguradora Allstate*)
- "Frosted Flakes... they´re grrreeat!" (*Kellogg´s*)

76   Roube Estas Idéias!

- "When you care enough to send the very best" (*Cartões Hall-mark*)
- "It takes a licking and keeps on ticking" (*Relógios Timex*)
- "The Citi never sleeps" (*Citibank*)
- "Get Met, it pays" (*Metlife Securities, companhia de seguros e serviços financeiros*)
- "When it absolutely, positively has to get there overnight" (*Federal Express*)
- "When EF Hutton talks, people listen" (*EF Hutton, corretora de ações*)

Um outro elemento importante na criação de um *slogan* forte e que tenha significado é usar mnemônica e *jingles*. Poucas empresas usam um ou outro atualmente, e a capacidade de os consumidores lembrarem de seus *slogans* fica muito reduzida.

Veja o *slogan* da General Electric que já existe há muito tempo: "GE, we bring good things to life." É realmente difícil escrever sem cantá-lo em voz alta. A GE remou contra a maré, escolheu uma frase que qualquer empresa poderia reivindicar e a transformou em seu *slogan* mundial. Colocando seu nome no *slogan* e usando-o em todos seus negócios, ela criou um *jingle* muito melhor que vem obtendo reconhecimento mundial há 40 anos.

Em 2003, a GE mudou seu *slogan* para "Imagination at work." Vamos ver se ele vai fazer sucesso.

A decisão de mudar um *slogan* deve ser muito bem pensada. Por alguma razão, tornou-se moda mudar os *slogans* na década de 1990. Muitas empresas fizeram isso regularmente, e algumas ainda fizeram mudanças no espaço de um ano.

Esse constante transtorno torna o exercício inútil. Ninguém, nem seus funcionários, clientes e possíveis clientes têm obrigação de acompanhar as várias versões do que sua empresa representa. Isso me faz lembrar de uma história sobre Rosser Reeves, uma lenda da Agência Ted Bates nas décadas de 1940 e 1950 e um homem de criação brilhante com uma personalidade difícil – o que não é lá uma surpresa entre o pessoal de criação!

Dizem que um dia um cliente o confrontou perguntando por que ele devia continuar pagando um montão de dinheiro por ano já que a propaganda era a mesma indefinidamente, ano após ano, sem nenhuma mudança. Reeves respondeu: "Para impedir que seu pessoal mude o que eu fiz."

Nunca foram ditas palavras tão sábias. As empresas e agências de propaganda devem chegar a um acordo sobre um *slogan* que todos aceitem, que seja um resumo do que sua empresa representa e que seja mantido para sempre.

As Empresas com Muitas Divisões Devem Usar um Slogan em Todo o Mundo?

A resposta é sim. Principalmente em grandes empresas, a alta gerência precisa sinalizar para os funcionários, clientes e para a Wall Street que sua empresa tem um foco principal que todas as partes reconheçam. E isso é mais importante quando há funcionários que trabalham no mundo todo, que precisam lembrar que realmente fazem parte de uma entidade, não importa em que país eles trabalhem ou qual produto ofereçam.

Eis algumas diretrizes para ajudá-lo a criar um grande *slogan*:

1. Pense em inserir o nome de sua empresa no *slogan*.

2. Tente usar uma frase que realmente pareça verdadeira para todos os funcionários, não importa em qual divisão eles trabalhem ou qual sua aptidão. Exemplo: In God, we Trust," para todos os americanos.

3. Mesmo que você não atue globalmente, faça de conta.

4. Não jogue para escanteio um antigo *slogan* só porque é antigo. Na verdade, esse *slogan* antigo pode ser ressuscitado ou atualizado.

5. Não crie um *slogan* através de um comitê.

6. Faça com que a alta gerência se comprometa a usar o mesmo *slogan* por, no mínimo, dez anos.

7. Se você faz propaganda na TV ou apresentações em vídeo de sua empresa, use movimento ou um *jingle* para dar vida a seu *slogan*. Uma técnica eficaz é mostrar três linhas que pisquem em seqüência na tela e que, então, desapareçam no logo de sua empresa. Por que três? Porque três linhas podem criar interesse visual, manter a atenção do espectador nos últimos dez segundos da propaganda ou apresentação e deixar uma impressão boa, positiva e duradoura.

Pense Globalmente, Aja Localmente... Até Certo Ponto

TODOS OS PROGRAMAS DE MARKETING que realmente alcançam êxito têm um elemento em comum: eles podem ser reproduzidos em qualquer lugar do mundo. Sua empresa, seu produto, seu serviço devem ter o mesmo posicionamento, os mesmos elementos visuais e a mesma personalidade básica em todos os lugares.

É claro que a linguagem local deve ser cuidadosamente trabalhada, mas não ouça argumentos mal fundamentados como "Isto não vai funcionar neste mercado" ou "As pessoas aqui são realmente diferentes". Noventa e nove por cento do tempo, vai funcionar e, na economia verdadeiramente globalizada de hoje, se cada país tiver uma campanha totalmente diferente, você vai acabar confundindo os consumidores, deixando de fazer negócios e desperdiçando dinheiro.

Atuar globalmente não significa que você tem de usar o mesmo porta-voz em todos os mercados. Ao contrário, usar personalidades locais ou regionais é bom e faz sentido, dadas as grandes diferenças entre os povos e os costumes no mundo. Mas o *layout* pode ser o mesmo, o posicionamento pode ser o mesmo e a mensagem de vendas deve ser muito semelhante de mercado para mercado.

Formato P&R

Independentemente da cultura, as pessoas são levadas a ler a pergunta e querem saber a resposta. Esse formato, em qualquer material escrito, garante que o índice de leitura seja maior. Pense em usar o formato P&R 90% do tempo em seu material promocional. Sem dúvida, você notará uma diferença na reação àquilo que você apresentou.

Há vários exemplos de empresas que fazem marketing global com eficácia – McDonald's, Coca-Cola, IBM, HSBC, Nike, a maior parte das companhias aéreas internacionais, o setor de telefonia celular e até as campanhas turísticas de cada país. Países como Bermudas, México e Canadá fazem promoção há anos de forma consistente em todo o mundo.

Eu me lembro quando o Concorde entrou em operação pela primeira vez na década de 1970. A British Airways lançou uma campanha que foi entendida universalmente, cujo título tinha duas palavras que não precisavam de tradução em nenhum lugar do mundo: TIME MACHINE.

Todo produto ou serviço é capaz de ter alcance global e reconhecimento por parte dos consumidores? É claro que não. O McDonald's não serve hambúrgueres na Índia e serve vinho na França para "crianças" de todas as idades. Seu principal produto pode ser comercializado de forma consistente em todo o mundo, a maior parte do tempo. O McDonald's está no negócio de *fast-food* em todo o mundo. Ele oferece refeições rápidas e práticas em todo o mundo. Ele promove grande valor para o dólar, iene ou rial (moeda iraniana) em qualquer lugar. Essas características podem ser representadas globalmente em uma propaganda consistente e integrada.

Por outro lado, o cardápio do McDonald´s é alterado, dependendo do mercado, com base nas preferências da culinária de cada país. Claramente, as empresas que atuam em vários países precisam reconhecer as condições do mercado local e criar produtos para um único mercado quando a demanda é grande o bastante que justifique o investimento.

O principal ponto a ser lembrado é que você sempre deve ser capaz de apresentar seu negócio-chave de uma forma consistente e convincente em qualquer lugar do mundo.

A Integração Ganha Guerras e a Mente do Consumidor

FOI NA GUERRA NO IRAQUE em 2003 que pela primeira vez as forças armadas norte-americanas – Exército, Marinha, Força Aérea, Fuzileiros Navais e Operações Especiais – estavam totalmente integradas em uma estrutura de comando e poder ofensivo consistentes. Antes dessa incursão, o último grande avanço na integração militar foi o movimento repentino de aviões e tanques alemães nos primeiros meses da Segunda Guerra Mundial. Ambas as operações militares foram muito bem-sucedidas.

Aqui, há uma importante lição para os profissionais de marketing: todas as mídias devem trabalhar juntas, simultaneamente, para ter efeito significativo sobre o resultado de uma campanha. É melhor estabelecer um curso de ação de dois meses que inclua televisão, mídia impressa, rádio, *outdoor*, internet, mala-direta – todos com um apelo à ação – do que ficar um ano apenas com comerciais na TV.

A Integração Ganha Guerras e a Mente do Consumidor 83

Um excelente estudo de caso é a história da MCI – não os escândalos dos últimos anos, mas o sucesso de uma estratégia incrível de crescimento inicial. Começando na década de 1980, a MCI passou de uma operadora pequena, uma alternativa à Ma Bell* para chamadas de longa distância, para 'A' outra grande empresa no mercado de longa distância. Por dois anos, ela usou uma abordagem ofensiva para comercializar seus serviços residenciais e comerciais de uma forma totalmente integrada.

Sistematicamente, a MCI foi do mercado de uma importante cidade para outro fazendo uma *blitz* multimídia de seis semanas. Era integração de marketing de uma maneira muito eficaz, mas raramente vista, principalmente porque é necessária uma coordenação eficiente e planejamento antecipado. A MCI também voltou para cada mercado para uma campanha de "limpeza" seis meses depois da incursão inicial.

Essa analogia com a guerra não é coincidência. A MCI realmente se via empreendendo uma guerra contra a AT&T. Colocado em um contexto militar, ela era uma unidade de guerrilha muito bem organizada lutando contra o exército de ocupação, a AT&T.

Como a MCI não podia nem remotamente igualar a verba publicitária nacional da AT&T, ela basicamente alimentou-se do sucesso de cada mercado, uma estratégia que permitiu que gastasse muito menos do que a AT&T. Com gastos com multimídia de alguns milhões de dólares, a MCI entrava em um mercado por seis semanas, criava uma nova base de clientes com um novo fluxo de caixa e, então, alavancava essa nova liquidez para entrar no mercado seguinte.

Fazendo uma conta simples, se você gastar 6 milhões de dólares em um mercado por seis semanas, você tem um impacto de quase 52 milhões de dólares anuais. Com esse tipo de penetração, os consumidores lembrarão das propagandas por muitos meses de-

---

*   Assim é conhecida a empresa AT&T (American Telephone and Telegraph). (N. de T.)

pois de elas terem sido veiculadas – principalmente se a criação e a oferta do produto forem fortes e memoráveis. No caso da MCI, a oferta era simples e eficaz: ficando o mesmo tempo ao telefone, você economizará um montão usando a MCI em vez da AT&T. A MCI apresentou essa comparação de forma muito eficiente mostrando dois medidores de bomba de gasolina lado a lado, um com o rótulo MCI e outro com AT&T. A câmera passava por duas bombas que "enchiam um tanque imaginário para ligações de duração diferente, deixando claro graficamente que a MCI poderia significar uma economia de 20% a 60% com base na duração da chamada e do caminho usado para chegar ao destino. A comparação visual foi usada em todas as formas de propaganda, em todos os mercados, para enfatizar o mesmo ponto repetidamente: "A MCI economiza seu dinheiro em cada ligação que você faz. Ma Bell está roubando você. É fácil mudar. Seja um consumidor inteligente e mostre para a Ma Bell quem é que manda."

Para continuar a analogia com as operações militares, seus "soldados" precisam estar altamente treinados e motivados. E eles têm de acreditar em seu produto. A gerência da MCI fez seus soldados acreditarem. Todos os funcionários usaram o serviço e constataram as economias em primeira mão. Todos eles receberam opções de ações e bônus em ações na época em que a maioria das empresas apenas dava ações para os figurões. Todos os funcionários sabiam de sua missão – substituir a Ma Bell – um monstro inatingível que estava roubando as famílias americanas e tentando impedir a concorrência saudável no mercado. Os soldados da MCI eram uma máquina enxuta, excelente, lutando por uma causa nobre. E eles definitivamente contaminaram os novos clientes da MCI com a mesma mentalidade de "estamos nisto juntos."

Os primeiros anos da MCI foram de integração na sua forma mais pura e mais poderosa. A estratégia de blitz evoluiu para ataques incessantes ao Congresso e ao FCC (Federal Communications Commission), atividades que geraram constante publicidade e aumentaram a conscientização da necessidade de reforma no mercado de telefonia de longa distância. A MCI até mudou sua matriz de Chicago para Washington D.C. para ficar mais perto da ação legislativa e mostrar seu compromisso em enfrentar o inimigo diretamente. A MCI incentivou seus clientes a se unirem a ela nessa luta e, em suas faturas mensais, ela brilhantemente lembrava seus clientes da economia que eles estavam fazendo em comparação com a AT&T.

O Inimigo

Se sua empresa não tem um grande concorrente, então invente um. Todas as empresas precisam de um inimigo, um concorrente para combater, para agrupar os soldados e dar um significado a mais ao trabalho delas. Dá um propósito a seus esforços ter alguma entidade para tentar tirar fora do negócio. Pense na Guerra Fria e, nós, capitalistas *versus* aqueles comunistas desencaminhados. Pense no conceito de esportes. Nas campanhas políticas, um ataque ao "inimigo", o outro candidato, é uma parte importante do trabalho.

Os negócios são um concurso com vencedores e perdedores. Você não apenas atende os clientes, você age preventivamente para roubá-los dos concorrentes antes que seus concorrentes façam o mesmo com você.

Eu trabalhei com a gerência da MCI durante esses incríveis anos de crescimento e nunca vi um esforço de marketing mais dedicado, coordenado e integrado vindo de cada funcionário todos os dias. Verdadeiramente impressionante.

Nesse mesmo período, um grupo improvável ganhou fama e fortuna com uma das melhores maneiras de usar marketing integrado que já vi. Na década de 1980, os evangélicos na TV chegaram por conta própria e aproveitaram o poder do marketing integrado e conseguiram um aumento espetacular no tamanho de seus ministérios. Meus colegas da agência e eu trabalhamos diretamente

86   Roube Estas Idéias!

com quase todos os grandes evangélicos dos Estados Unidos: Oral Roberts, Jerry Falwell, Rex Humbart, Jim Baker, Pat Robertson e outros. Foi um grande aprendizado. Todos esses homens sabiam como entreter seu público e eram pregadores há muito tempo. Embora eu não seja um grande fã de fanáticos, sejam religiosos ou pessoas do gênero, trabalhar com esses caras e suas equipes me fez realmente acreditar no seu compromisso sincero em fazer coisas boas na área da saúde e educação e em sua devoção a seus fiéis que contribuíam para que tudo pudesse acontecer.

Esses pastores tinham um outro traço importante em comum: eles entendiam totalmente o marketing integrado, por dentro e por fora. Para os iniciantes, como as personalidades memoráveis descritas no Capítulo 4, eles sabiam ser oradores convincentes. Também sabiam como entreter seu público e se concentrar em sua proposta de venda única: "Somos todos filhos de Deus colocados neste mundo como pecadores e ainda assim capazes de atingir a vida eterna se pedirmos Seu perdão e buscarmos Suas bênçãos." Difícil discutir com uma proposta de venda única que promete um passe para o paraíso por cooperar com o programa!

Assim como no caso da MCI, havia um grande público não atendido nos Estados Unidos buscando um grande negócio. Nesse caso, o público era formado por cerca de 3 a 5 milhões de homens e mulheres de 65 anos ou mais que não podiam ou não participavam das atividades de sua Igreja local. Para alguns, era um problema de saúde que os mantinha presos em casa. Para outros, era muito longe ir até a Igreja fundamentalista mais próxima. Em geral, os pastores locais eram maçantes e nada inspiradores. Some a esse público outros 20 a 30 milhões de cristãos renascidos e aí está um mercado esperando para ser estimulado por uma oferta melhor, um "marketing" muito mais convincente do que o tradicional.

Através do milagre da televisão, os principais pastores foram muito bem-sucedidos e levantaram bilhões de dólares para suas

A Integração Ganha Guerras e a Mente do Consumidor **87**

escolas, hospitais, igrejas, missões no exterior e vários projetos que escolhiam. Esse feito foi baseado em três ações que as igrejas estabelecidas não podiam realizar:

1. Eles usaram o poder da televisão para entrar diretamente em cada casa e propiciar entretenimento real em nome de Deus – ótima música, ótima atuação, ótima arrecadação de fundos.

2. Eles insistiam na mesma mensagem através de um esforço de mídia coordenado, contínuo. Oral Roberts, por exemplo, tinha um programa de televisão duas vezes por semana, um programa diário no rádio, especiais freqüentes na TV, livros, discos, boletins informativos semanais, tudo com a mesma mensagem: "Conte-me seus problemas, seus pecados, seus males, as preocupações com você, com sua família e seus amigos, e eu rezarei pessoalmente para você e para eles o tempo todo. E, é claro, para manter meu ministério atuante para que eu possa continuar rezando pelos pecadores e salvando almas, envie-me o quanto você puder, quantas vezes você puder."

Eles gastavam milhões para inventar, aperfeiçoar e desenvolver formas inovadoras e criativas de usar o computador para manter registros detalhados de milhões que ligavam para seu número 0800 no ar e respondiam à mala direta. Eles contrataram os melhores especialistas em bancos de dados do planeta – na época, minha empresa – para que tivessem o melhor no trabalho de enviar correspondência via computador. Em questão de dias, depois de um "cliente" ter ligado ou escrito, enviava-se uma carta com os detalhes da situação de cada um e oferecendo o que, na realidade, equivalia a uma sessão de oração individual.

3. A chamada religião organizada nunca soube o que fez isso dar certo e ainda hoje é incapaz de reunir os recursos para servir aqueles que querem ligar ou escrever e receber atenção pessoal em troca.

Sem dúvida, para que o marketing funcione a toda e detone a concorrência, todas as mídias precisam trabalhar juntas, o tempo todo. Tome cuidado para não passar mensagens confusas ou contraditórias. As faculdades americanas fazem isso o tempo todo. Elas enviam lindos informativos para os ex-alunos mostrando o *campus* em todo seu esplendor e, ao mesmo tempo, mandam cartas pedindo contribuições que dão ênfase à sua terrível condição financeira. Em qual mensagem você deve acreditar?

Tenha certeza de que as relações públicas contínuas, a comunicação interna com os funcionários e a comunicação com o cliente façam parte do pacote. E lembre-se, o *songbook* da mídia precisa ser o mesmo para cada ponto de contato com os funcionários e clientes para que realmente tenha impacto.

Localização, Localização, Localização: Tire o Máximo Proveito de Seus Gastos com Mídia

OS RESPONSÁVEIS PELO PLANEJAMENTO DE MÍDIA inventam um monte de abreviações, como CPM (custo por mil) e GRP (pontos brutos de audiência), que se relacionam com o custo de atingir público através de várias mídias: impressa, TV, rádio e Internet. Mas essas siglas e uma série de outras não mostram se seu público-alvo vê seu anúncio, gosta dele e faz alguma coisa em reação a eles.

Uma colega do Citigroup gosta de lembrar sua equipe de marketing que o planejamento de mídia é 60% arte e 40% ciência. Eu até aumentaria a porcentagem da arte para 70.

Há vários fatores, alguns sob seu controle e muitos não, que influenciam sua campanha publicitária a ser notada pelas pessoas certas e contribuem para o sucesso do produto ou serviço que é anunciado.

Três dos fatores mais importantes você realmente pode controlar:

Impacto Visual: A propaganda ou série de propagandas deve ser visualmente atrativa e exigir atenção do espectador ou leitor.

Localização: Você paga pelo melhor "imóvel". Você precisará desse espaço na publicação ou comercial na TV ou rádio que provavelmente será visto ou ouvido pelo maior número de pessoas que se encaixam no seu perfil-alvo.

Freqüência: Dentro de seu orçamento, você deve se esforçar para aumentar o número de vezes que uma propaganda aparece.

Apesar de todos os chatíssimos gráficos e quadros com números que os especialistas em mídia jogam em cima de você, esses são os três fatores que realmente contam.

Grande parte deste livro se concentra no fator número 1, a criação de uma propaganda convincente. No restante deste capítulo, comentarei as regras simples que eu utilizo para maximizar os gastos com mídia através da localização e freqüência ideal do anúncio.

Não há dúvida de que os profissionais de planejamento de mídia nas agências de propaganda do mundo são um grupo dedicado que realmente faz sucesso em sua área de especialização. Mas eles costumam distribuir sua verba entre o máximo de mídias possíveis – amplo alcance, como eles dizem. Você tem um outro objetivo, que é muito mais importante para ser notado. Como mencionei, isso se chama freqüência.

É melhor ter um anúncio que aparece algumas vezes em um ano em 30 revistas e jornais ou com muita freqüência em dez? O efeito da freqüência sempre supera o de aparições ocasionais, mesmo se você aparecer mais freqüentemente em quantidade menor de publicações.

No mesmo nível de importância da freqüência está a localização privilegiada. A única forma de garantir que mais leitores vejam seu anúncio é pagar por uma posição privilegiada em cada publicação em que você compra espaço.

Ninguém tem um orçamento ilimitado. Na verdade, em geral, temos menos dinheiro para trabalhar do que desejamos. A melhor forma de usar esse dinheiro é diminuir a quantidade de publica-

Mídia Impressa

Revistas: Os melhores lugares são a última capa, a segunda capa, a terceira capa, ao lado do sumário (se for fácil de encontrá-lo) e ao lado das seções populares da revista.

Jornais: o melhor lugar é a página três, primeira seção. Última página, primeira seção é quase igual. Depois disso, depende do *layout* do jornal, qual seção é mais adequada para seu produto ou serviço e qual tem menos anúncios da concorrência.

Para garantir esses lugares privilegiados, você tem de pagar mais e acima das taxas normais cobradas. Um imóvel de primeira é definido dessa forma por sua localização: uma casa na praia custa mais do que uma casa maior em um local afastado da costa. O mesmo vale para as mídias. Por que pagar qualquer montante por um espaço em algum lugar na publicação que a grande maioria dos leitores vai olhar de relance ou nem sequer verá? Deixe isso para os outros.

Woody Allen disse uma vez: "Oitenta por cento de nossa vida é aparecer." A localização de um anúncio é uma coisa um pouco mais complicada. Ele deve estar onde a maioria dos leitores vai instintivamente, onde provavelmente eles vão quando abrem uma determinada publicação.

Grande parte do planejamento de mídia não é um mistério. Você precisa decidir quem é seu público-alvo, quais seus prováveis hábitos em termos de mídia e determinar os locais mais visíveis na publicação. Então, compre esses lugares o mais rápido possível.

Eis o que a Bose Corporation, um fabricante de equipamentos de som de alta qualidade e preço razoável, faz para manter sua visibilidade com o público certo, semana após semana.

Invariavelmente, a Bose coloca um anúncio preto e branco, de página inteira, todas as semanas, religiosamente, na *New York Times Magazine*. Durante anos, eles colocaram um anúncio de um produto mais ou menos no mesmo lugar, próximo à última capa e em geral do lado das palavras cruzadas de domingo. A quem ele se destina? Às mesmas pessoas que gostam de um aparelho de som de alta qualidade a um preço razoável. As mesmas pessoas costumam prestar atenção, conhecer e não ficam intimidadas por um anúncio que tenha algum detalhe técnico. Muitas delas também gostam de fazer as palavras cruzadas do domingo ou passam uma hora ou mais sozinhas na maior calma e tranqüilidade. Em um ambiente semelhante, gostam de ouvir música. Na verdade, música é o pano de fundo ideal para os fanáticos por palavras cruzadas. Há uma nova palavra cruzada todas as semanas. Há um anúncio da Bose todas as semanas. Faz sentido.

A localização não ortodoxa do anúncio da Bose na *New York Times Magazine* é um grande exemplo de outro elemento de localização nas mídias bem-sucedido: vá aonde seus concorrentes não vão. É claro que existem revistas voltadas para os fãs de equipamentos de som e elas estão repletas de anúncios desses aparelhos. Quais são suas chances de realmente ser notado nessas publicações, principalmente quando você está cercado de anúncios dos concorrentes? Destaque-se da multidão. Pense diferente. Ouse.

A propaganda de moda para mulheres é um exemplo característico. Pegue qualquer exemplar da revista *Vanity Fair*, por exemplo, isto é, se você for bastante forte para erguê-lo. Há tantos anúncios de moda, página após página, que os artigos até parecem um adendo. Será que algum anúncio é notado? Voltamos à questão da arte de colocar anúncios na mídia.

Todas as empresas de serviços financeiros querem fazer propaganda nas mesmas seções de negócios dos jornais, e os anúncios ficam todos amontoados nessas páginas. Mas e aquelas seções em que há menos concorrentes, como esportes, veículos ou até imóveis? A probabilidade de seu anúncio se destacar é maior.

Vale a pena considerar a estratégia de ir aonde os outros não vão. Parece que funciona para a Bose, ou eles não estariam mais na *New York Times Magazine*, domingo após domingo, semana após semana, ano após ano.

Veiculação do Anúncio na TV e no Rádio

As mesmas regras da mídia impressa se aplicam a estas duas opções: atrair o espectador ou ouvinte com sua mensagem, estar no melhor lugar possível, estar lá o máximo possível.

Os comerciais na TV aborrecem o telespectador. É verdade que eles permitem que você vá ao banheiro, mas, mesmo assim, as pessoas não gostam dessas interrupções constantes. A única grande exceção a essa regra é o Super Bowl, quando os anúncios se tornam um jogo por si próprios e em geral geram mais discussão no dia seguinte do que o resultado do jogo.

Mas não importa se você colocar um anúncio no programa das 2 horas da manhã ou investir 2 milhões de dólares para comprar um espaço no Super Bowl, a posição mais desejável é a primeira propaganda no primeiro intervalo comercial. Você se sai muito melhor fazendo um anúncio todas as semanas, durante um ano no primeiro intervalo comercial de um programa semanal do que vários anúncios por alguns meses no mesmo programa.

Como a segunda capa de uma revista, é nessa posição que provavelmente um número maior de espectadores notará o anúncio. Mais uma vez, assim como em uma revista, em que o índice de leitura cai à medida que o leitor folheia as páginas, o índice de audiência das propagandas cai 95% do tempo depois do primeiro intervalo comercial. Dependendo do programa, pode não cair tanto assim, mas é extremamente raro o índice de audiência das propagandas aumentar enquanto o programa está no ar.

Atualmente, graças às maravilhas da tecnologia, a maior ameaça às propagandas na TV é o TIVO® e qualquer outra forma de gravador de vídeo digital (DVR). Um estudo sobre os hábitos dos telespectadores americanos feito pela Forrester Research em 2004 mostra que quando as pessoas assistem a programas pré-gravados, elas pulam 92% dos comerciais. Não são boas notícias para os anunciantes ou para o setor televisivo.

E o uso do DVR está em ascensão. Em 2003, havia pelo menos 5 milhões de domicílios com aparelhos capazes de pular comerciais e, em 2009, metade dos domicílios nos Estados Unidos terá essa comodidade. Onde fica a audiência para os comerciais de TV aos quais você dedica tanto tempo e dinheiro para produzir?

A melhor defesa contra os aparelhos que pulam comerciais será fazer propaganda nos programas que provavelmente serão gravados para ser vistos posteriormente. O mesmo estudo de 2004 da Forrester mostra que 93% dos espectadores com opções de assistir aos programas posteriormente continuam a ver as notícias em tempo real. Depois das notícias locais, em termos de popularidade, temos o jornal nacional, os eventos esportivos e os eventos especiais como o Oscar e o Emmy.

Fica claro que o jornalismo e os esportes se tornarão mais desejáveis para os anunciantes nos próximos anos. Além disso, os produtores de TV tentarão combater a tendência de pular comerciais com a criação de mais eventos em tempo real e a interativos para que os telespectadores participem durante a programação. Se os espectadores querem ser ativos e também passivos, isso veremos.

O rádio é um grande meio de comunicação. Você pode comprar os mercados locais muito facilmente, e o custo de produção de comerciais para rádio é nada se comparado à TV. Não existe TIVO® com que se preocupar – o rádio é 100% tempo real e a veiculação ideal para o anúncio é muito simples: na hora que as pessoas estão dirigindo. O horário nobre do rádio é das 6 às 8h30 e das 16h30 às 19h30.

O rádio é negligenciado por muitos profissionais de marketing e não deveria ser. Ele é uma forma muito barata de passar sua mensagem diariamente em um mercado específico. Ele é também um veículo eficaz para fazer propaganda em mercados periféricos sem um grande investimento.

O rádio é ótimo para pequenas empresas e organizações sem fins lucrativos que querem atingir um grande público e não têm condições financeiras de anunciar na TV.

O deslocamento por carro chegou para ficar, e há mais automóveis nas ruas a cada ano. Você deve tirar vantagem disso e pensar seriamente no rádio como parte de suas campanhas de marketing.

Planejamento e Colocação de Anúncios em Mídia Global

A boa notícia é que o planejamento de mídia global fica mais fácil a cada dia que passa. Até apenas alguns anos atrás, era quase impossível fazer as empresas de mídia gigantes fornecerem um único ponto de contato com conhecimento das opções de mídia região por região. Com a evolução contínua da economia globalizada, as empresas de mídia acordaram e agora possuem profissionais que podem tratar da colocação de anúncios em qualquer parte do mundo.

Como é de se esperar, há desafios específicos para a compra de mídia em regiões fora dos Estados Unidos. A América Latina é uma região extremamente difícil para planejar propaganda. É complexo definir a audiência da TV e há poucas revistas com uma circulação significativa, principalmente publicações de negócios. Além disso, a mala direta não é confiável e é cara. Na África, é ainda mais difícil. Felizmente, na maior parte dos países desenvolvidos, a compra de mídia é simples e não é tão diferente dos Estados Unidos.

Em termos de criação, há problemas específicos em cada país, mas a maior parte é administrável. Como regra, uma campanha de marketing global deve ter a mesma "cara" onde o produto ou serviço estiver sendo oferecido. A mensagem básica de vendas em geral é quase a mesma, embora a linguagem local dite diferentes enfoques para passar o mesmo ponto.

Em geral, você se depara com questões táticas tais como se deve incluir o inglês em parte de um anúncio que está em um idioma nativo diferente. No Japão, por exemplo, os títulos e os *slogans* costumam ser em inglês. As pessoas acham legal ver o inglês usado dessas duas formas.

Em alguns países de língua árabe, as pessoas gostam dos anúncios em sua língua nativa, mas preferem o apelo à ação em inglês ou em ambos os idiomas.

Quando você se comunica com o mundo, o valor de uma agência é realmente testado. Faça questão de trabalhar com uma agência de propaganda com sólida experiência global. Felizmente, a maior parte das agências hoje faz parte de uma rede global com especialistas em cada região do mundo. Sua equipe deve ser capaz de tirar proveito do conhecimento local e apresentar-lhe um plano coerente e abrangente para qualquer produto que você queira promover em vários países.

Nunca Ninguém Comprou Nada de um Professor de Línguas

ENTÃO, NÃO ESCREVA COMO UM DELES.

Pense no início de uma carta promocional como um título que precisa atrair leitores resistentes e prender sua atenção – como o parágrafo de uma linha que abre este capítulo. Para garantir que seja lida, uma carta, a menos que seja da Receita Federal, deve ter frases curtas, parágrafos muito pequenos, uma única frase longa e muitos espaços em branco que fazem bem aos olhos, semelhante a um folheto bem elaborado.

As saudações atrapalham. Sugiro que você as elimine. "Caro Amigo" é algo que aborrece – não sou seu amigo e não o conheço. Caro Leitor... Caro Colega... Caro Funcionário. Todas essas saudações passam uma mensagem que você deve evitar: é uma carta-padrão que está sendo enviada para centenas ou milhões de pessoas. Por que lembrar para seu público que cada pessoa é uma entre muitas? Comece com um título e você levará vantagem sobre todas as cartas que existem por aí que iniciam com "Caro Amigo". As pessoas perguntam àqueles profissionais que escrevem cartas promocionais qual deve ser o tamanho de uma carta para que ela consiga impacto máximo. Minha resposta é digna da resposta meio imprecisa de qualquer político a uma pergunta direta: a carta deve ter o tamanho necessário para contar uma história.

Dado o nível de atenção das pessoas atualmente, meu conselho é que você, em geral, escreva cartas de uma página. Se um produto possui vários atributos e opções, a carta deve conter um anexo com os detalhes para que ela seja a mais breve possível.

Meu exemplo predileto de "menos é melhor do que mais" vem da área de captação de recursos, um setor no qual saber escrever uma carta é uma habilidade essencial há décadas. Uma das melhores cartas para captação de recursos que já vi tinha três frases curtas e foi escrita por um pastor evangélico que pregava pela televisão e estava enfrentando uma crise financeira sem precedentes em seu ministério. Ele enviou dois milhões de cartas de uma página para o banco de dados das pessoas que haviam contribuído anteriormente. Na carta, apenas estas frases: Grande crise financeira. Sem tempo de explicar. Por favor, contribua com o que puder!"

... E as pessoas contribuíram.

Vamos voltar a falar do lapso de atenção das pessoas, que em geral pode trabalhar a seu favor. Ninguém se lembra do conteúdo de uma carta. É claro que você lembra que recebeu uma carta pedindo dinheiro ou lhe oferecendo uma assinatura, mas raramente se lembra do que ela dizia. Se você elaborar uma carta promocional que realmente funcione, pode usá-la diversas vezes com poucas modificações.

Anos atrás, John Groman, uma força em marketing direto de nível internacional, escreveu uma carta para captação de recursos para a Sinfônica de Boston. Essa carta foi tão eficaz que a Sinfônica a utilizou durante cinco anos para lançar sua campanha anual de captação de fundos. A única informação que mudava era a data. Todos os anos, ela era enviada para cerca de 50 mil simpatizantes da Sinfônica. Ela nunca recebeu um único telefonema ou correspondência questionando por que tinha mandado a mesma carta todos os anos. Ao contrário, ela recebeu doações recordes.

Na área comercial, o *Wall Street Journal* tem utilizado a mesma carta de prospecção de assinaturas há cerca de 25 anos. É claro que as pessoas que elaboram cartas profissionalmente percebem – quer dizer, três de nós – mas ninguém nota ou se importa com isso.

Se por acaso você tem uma carta promocional que obtém grande resposta de seus clientes, ou clientes em potencial, deixe-os satisfeitos ano após ano.

Uma outra técnica é o que eu chamo de Golpe em Dois Tempos: envie uma carta breve para seu público-alvo dizendo que ele receberá uma correspondência especial com uma ótima oferta exclusiva dentro de alguns dias. É claro que essa correspondência deve apresentar uma oferta única, valiosa. Já vi essa estratégia de Golpe em Dois Tempos funcionar muitas vezes para qualquer tipo de empresa ou organização sem fins lucrativos. Quanto maior a fidelidade do grupo de clientes a seu produto ou serviço, maior a eficácia dessa técnica.

Uma variação dessa técnica é enviar uma carta solicitando que os destinatários respondam imediatamente ou você ligará após seu envio. Se você fizer isso da maneira correta, no tom certo, "ameaçando telefonar", aumentará significativamente o índice de respostas.

Pense Mais Como Armani e Menos Como a Gap

Os professores de inglês, que não são conhecidos por seu senso de estilo, também parecem gastar o menos possível com seu guarda-roupa. Da mesma forma, a maior parte das empresas restringe o custo de sua correspondência. Durante toda uma década, os dois concorrentes que analisaremos a seguir, com atitudes opostas em relação aos gastos com marketing, captaram recursos junto a seus respectivos eleitorados. Os resultados que ambos obtiveram foram totalmente diferentes, o que não é nenhuma surpresa. Os dois concorrentes eram o Comitê de Campanha Senatorial Democrata e o Comitê de Campanha Senatorial Republicano. A década, 1980 a 1990.

Sim/Não

As pessoas odeiam dizer "não". Em algumas culturas, principalmente asiáticas, as pessoas fazem de tudo para evitar dizer "não" para alguém a qualquer momento, mesmo que seja a mensagem que gostariam de passar.

Você pode tirar vantagem desse mecanismo impregnado em nossos genes se sempre fizer uma oferta para o cliente com uma opção sim/não. As organizações sem fins lucrativos foram as primeiras a utilizar essa técnica amplamente. Parece que ultimamente ela não tem sido aplicada à maior parte das ofertas, e isso é um erro.

Eis um exemplo hipotético de opção sim/não para o Fresh Air Fund, uma das minhas instituições de caridade preferidas. Marque uma das opções e devolva o cartão-resposta:

_____ Sim, quero contribuir com $ ___ para ajudar a enviar crianças de baixa renda de bairros carentes para acampamentos de verão, para que elas tenham uma experiência que vão lembrar para sempre.

_____ Não, não quero que as crianças tenham a experiência de passar algumas semanas do verão no interior, longe das calçadas e ruas quentes de Nova York.

Acho que você entende o que eu quero dizer.

Em função de estereótipos característicos, você pode pensar que os democratas arrecadam milhões de doadores de poucos recursos que fazem pequenas contribuições. Quanto aos republicanos, as pessoas pensam que eles obtêm muito dinheiro de relativamente poucos "peixes grandes". Na verdade, historicamente e até hoje é o contrário. Os democratas se saem melhor com os grandes doadores e os republicanos com milhões de pequenas contribuições.

O principal motivo disso é o cuidado e a atenção que cada um dedica ao processo de mala-direta, como ficou claro através das atividades de captação de recursos dos dois comitês senatoriais na década de 1980. Ano após ano, o Comitê Senatorial do Partido Republicano arrecadou mais dinheiro por mês do que os rivais democratas do outro lado da cidade durante o ano todo.

Por que tanta diferença? Surpreendentemente, isso tem pouco a ver com a filosofia dos candidatos, sua agenda, doadores ricos, doadores não tão ricos, o democrata *versus* o republicano ou a inteligência de seus respectivos consultores de K Street*.

A diferença era a convicção dos democratas de que captar recursos através de mala direta era enviar uma carta para milhões de possíveis doadores, sem gastar muito. Os republicanos, por sua vez, acreditavam que quanto mais dinheiro você gasta por carta, mais dinheiro consegue. Noventa por cento do tempo, os republicanos estavam certos com relação às contribuições.

Os republicanos realmente se esmeraram, personalizando ao máximo as cartas, usando ótimo papel de algodão, selos dourados em relevo e envelopes fechados na frente. Pense nisso – você já recebeu uma carta em seu nome em um envelope de janela? O que você recebe nesse tipo de envelope? Contas. Apenas contas.

Os republicanos fizeram seus simpatizantes se sentirem especiais, como pessoas participantes do grupo. Eles ofereceram prêmios diferentes para aqueles que concordavam em fazer contribuições mensais: viagens a Washington para conhecer e cumprimentar políticos famosos do partido e um número de telefone

---

* A K Street em Washington D.C é sinônimo da indústria do *lobby* nos Estados Unidos, que tem grande influência na política nacional devido a seus recursos financeiros. (N. de T.)

gratuito para que pudessem ligar e expressar suas opiniões sobre assuntos de interesse.

Eles atraíram seus simpatizantes com cartas mais personalizadas e ofertas que o dinheiro podia comprar. E eles conseguiram uma ÓTIMA resposta. Eu me lembro de uma mala-direta (que mencionei no Capítulo 1) no começo da década de 1980 enviada pelo Comitê de Campanha Senatorial Republicano para 200 mil pessoas que haviam contribuído anteriormente solicitando uma doação especial no fim do ano. A carta foi enviada por correio expresso e custou mais de 7 dólares cada uma. Nunca se ouvira falar em um gasto tão extravagante em uma situação em que os democratas tentavam manter os custos em 25 centavos de dólar por carta. Resultado: essa única carta gerou uma receita líquida maior do que o montante que os democratas arrecadaram durante o ano inteiro.

Não importa sua filiação partidária, quanto mais você fizer seus clientes se sentirem especiais através da mala-direta, mais receptivos eles serão.

As Três Lições Mais Importantes sobre os Clientes Que Você Vai Aprender

Primeira Lição: As pessoas querem repetir a experiência que as conquistou como clientes.

Isso acontece cerca de 98% do tempo. Portanto, sem dúvida, você deve prestar atenção ao mais humano dos comportamentos.

Se você gostou do primeiro Big Mac, é provável que você consuma outro e outro e mais outro, pressupondo que eles sejam consistentes na aparência, no gosto e até mesmo no tato. A indústria de *fast-food* é um exemplo perfeito desse axioma. Os clientes voltam porque têm a mesma experiência todas as vezes.

Por outro lado, a indústria automobilística nem sempre respeitou essa regra. Muitos fabricantes de automóveis destruíram os sonhos do carro novo alterando o projeto original que havia atraído os clientes. Você se lembra do Ford Thunderbird original? Era um complemento bonito, inovador, atraente da linha Ford e conquistou muitos novos consumidores viciados nesse *look* esportivo. Passados quase 40 anos de pequenas mudanças sem muitos atrativos no estilo e vendas ruins, a Ford percebeu que esses "remendos" no *design* eram um desastre e, tarde demais, tentou voltar para o começo de tudo. O Chevy Corvette se saiu melhor desde o início porque seu *design* era semelhante ao do Sting Ray e por ter mantido intacta sua grande potência.

Até mesmo o sorvete segue essa regra. A Ben & Jerry´s começou como uma marca de sorvetes superpremium com pedaços de fruta. Alguns anos atrás, ela lançou sabores suaves, mas obteve pouco êxito. Posteriormente, ela abandonou essa categoria superpremium e conseguiu reter sua grande base de clientes.

Roupas, medicamentos, ração para cachorro, papel higiênico, nada é imune a essa lei da repetição da experiência do cliente. Há até algumas evidências de que muitas pessoas que se casam pela segunda ou terceira vez escolhem parceiros com as mesmas características que seus ex-companheiros. A Itália tem os índices mais baixos de natalidade. Por quê? Os homens italianos são tão mimados pelas mães que ficam sob seus cuidados e literalmente nunca saem de casa – estamos falando de repetir uma experiência que os conquistou.

As promoções também não estão imunes a essa regra. Se você conquistar um cliente através de uma oferta com preço especial, não espere que ele volte a comprar com uma oferta semelhante. O PBS (Public Broadcasting Service) aprendeu isso de um jeito difícil. Anos atrás, todas as estações do PBS dos Estados Unidos começaram a oferecer produtos como um chamariz para obter contribuições voluntárias. Trinta anos atrás, a grande maioria dos doadores era acima de tudo fiel ao produto: nenhum produto – guarda-chuvas, canecas de café, CDs, esteira de praia e outros – nenhuma doação. Agora essas estações do PBS estão presas a esse esquema e continuam a oferecer brindes. Se você adotar esse tipo de tática, lembre-se de que é quase impossível escapar dele.

Não importa o que você vende, a oferta de renovação bem-sucedida é semelhante ou melhor que a oferta que o cliente gostou no início.

Segunda Lição: O momento mais crítico do relacionamento de um novo cliente com sua empresa é a primeira semana depois da compra inicial.

Do ponto de vista psicológico, todos os novos clientes necessitam de algum tipo de reforço: eles precisam saber que fizeram a coisa certa comprando seu produto ou serviço. Seu trabalho é minimizar a ansiedade pós-compra e fazer os clientes se sentirem bem por terem feito o negócio. Imediatamente.

Com o *e-business*, é muito fácil enviar um *e-mail* de agradecimento para cada cliente pela compra logo que ela tenha sido efetivada. Muitas empresas fazem isso atualmente nos Estados Unidos, desde a Amazon, Fandango até o Cartoon Bank do *The New Yorker*. Mas se seu negócio não está na Internet, não desanime. Certifique-se de que o e-mail de todos os novos clientes fique arquivado como parte de um procedimento de registro.

Que tal uma carta ou um cartão postal em vez de um *e-mail*? Não há problema algum. Durante anos, muitos varejistas de alto padrão enviaram uma comunicação personalizada agradecendo aos clientes suas compras mais recentes. Lembre-se, uma carta ou um cartão postal funciona apenas quando você o envia imediatamente após o negócio ter sido efetivado. Se levar semanas para os clientes receberem sua comunicação, pode parecer que você possui algum sistema grande, impessoal, que aciona esse tipo de mecanismo automaticamente. É melhor não enviar nada do que lembrar os clientes de que eles são basicamente um número no computador em algum lugar do país. Mensagens de agradecimento por escrito funcionam apenas quando são recebidas em até cinco dias úteis após a compra. Bom, talvez em seis ou sete dias, mas não mais do que isso.

A história que contarei a seguir o ajudará a entender o quanto é importante responder de imediato no caso de o cliente ter passado por uma experiência negativa relevante.

No final da década de 1980, minha esposa, Faye, trabalhava na conta da Dell Computer para a Chiat/Day, uma agência de propaganda localizada na cidade de Nova York. A matriz da Dell é em Austin, Texas, e por isso ela precisava viajar de lá para Nova York regularmente. A American era a única grande companhia aérea que fazia esse trecho, com uma escala em Dallas. A maioria dos vôos decorreu normalmente, mas em uma ocasião, a primeira parte do percurso de Nova York até Dallas sofreu um grande atraso por causa da neblina em Dallas. O avião voou em círculos várias vezes e, finalmente, pousou em Dallas duas horas depois do previsto, e já era tarde para que Faye pegasse a conexão até Austin a tempo de chegar à reunião. Ela teve de fazer meia volta e pegar um vôo para Nova York. Bom, essas coisas acontecem, o mau tempo prejudica o horário dos vôos.

Cerca de cinco semanas mais tarde, Faye recebeu uma carta personalizada da American Airlines. A carta começava com um pedido de desculpas pelo atraso que havia ocorrido naquele vôo. Ela continuava dizendo que, apesar do atraso causado pelo vôo, a American se esforçava para que seus clientes chegassem a seu destino no horário. Como um sinal de reconhecimento pelo fato de Faye voar freqüentemente pela American, eles creditaram 2.500 milhas na conta dela.

Faye me mostrou a carta, e eu fiquei impressionado. A American tinha todas as informações corretas. Eles esperaram algum tempo para pedir desculpas e fizeram algum tipo de reparação através de milhas adicionais, o que Faye não esperava. Foi realmente uma atitude de classe. Eu disse a Faye: "Nossa, esses caras realmente fizeram um bom trabalho para compensar aquele vôo desastroso do mês passado." Faye não concordou: "Eles estão quatro semanas atrasados," ela disse.

E ela estava certa.

Ironicamente, a melhor hora de pedir que os clientes façam mais negócios é logo em seguida de eles terem comprado algum produto de sua empresa ou quitado uma dívida antiga. Pense no que poderia acontecer se um banco agradecesse a um cliente que acabou de quitar um empréstimo e mencionasse, na mesma carta, que ele estaria disposto a conceder outro empréstimo imediatamente. A Omaha Steaks, uma empresa de alimentos que faz entrega direta, entende muito bem esse conceito. Quando você liga, é provável que os operadores digam que todos os itens do catálogo estão mais baratos do que o preço de lista porque você é um cliente que voltou a comprar. Se é sua primeira vez, eles oferecem um desconto semelhante. Este é um exemplo de como lidar com a ansiedade pós-compra antes que ela seja feita. Inteligente? Pode apostar, e é muito melhor do que o Prozac.

Terceira Lição: Esqueça os *clusters* complicados e a demografia.

Existe todo tipo de livro, estudos e teses de doutorado sobre descrições intermináveis de modelos de grupos de clientes. A maior parte é tão complicada que você nunca conseguirá criar um programa de marketing que se adapte aos infindáveis *clusters* de clientes, como alguns especialistas os chamam, ou mesmo identificar esses *clusters* dentro de seu universo de clientes.

De acordo com minha experiência, há cinco grupos básicos de clientes. Esses grupos são fáceis de entender e têm padrões de comportamento que responderão a uma estratégia de marketing bem elaborada.

1. Evangelistas: eles adoram você, e ponto final. Eles não conseguem elogiar sua empresa ou produto o suficiente. E se você continuar solicitando que eles comprem, eles continuarão comprando. Pessoas assim devotadas merecem todos os tipos de reforço positivo, desde comunicações exclusivas até um monte de ofertas especiais. A propósito, especial não significa necessariamente ter um preço menor, apresentações especiais... bom, especial. Algo a que seus outros clientes não têm acesso. Afinal de contas, esse grupo responde por 90% de seu lucro.

2. Não Comprometidos: eles compram de vez em quando. Em geral, eles são um tanto suscetíveis a preço ou têm a impressão que nem sempre você oferece o melhor produto para suas necessidades. Eles exigem razões convincentes para fazer mais negócios com você – uma oferta interessante, um atendimento especial, uma comparação positiva de seu produto com o do concorrente ou apenas algo novo e diferente. Sem dúvida, esse grupo de clientes é importante e, em geral, o maior. Dentro desse grupo, estão os evangelistas de amanhã. Se você conseguir lidar bem com esses primeiros dois grupos de clientes, provavelmente sua empresa vai se sair bem e crescer ano após ano.

3. O preço está correto: eles provavelmente compraram de você uma vez, respondendo a uma boa oferta de preço. A maior parte desses clientes nunca mudará e apenas comprará por causa do preço. Se você oferecer o menor preço do planeta em sua categoria, comunique-se com eles de qualquer forma, justamente como o Wal-Mart sempre faz. Quando você fizer marketing para esse grupo, lembre-se de que o preço o motiva e provavelmente nada mais.

4. Negativos: eles tiveram uma experiência ruim no ciclo de compra, talvez uma interação frustrante no atendimento ao cliente. Um sinal revelador desse grupo de clientes é que ele compra uma vez e só. Portanto, esqueça dele, certo? Bom, não necessariamente. Conheço várias organizações que conseguiram converter esses clientes para a categoria 2 ou até para a 1. O segredo é enviar uma longa carta pedindo desculpas, mencionando diretamente a experiência ruim do cliente e admitindo que a empresa nem sempre é perfeita: "Sim, às vezes cometemos erros. Detestamos quando isso acontece, mas acontece. Somos humanos, afinal de contas. Gostaríamos de reparar nosso erro e ter uma segunda chance." Observação: Se você receber uma carta, telefonema ou e-mail com alguma reclamação, é muito importante que sua carta de desculpas seja enviada imediatamente, de preferência no mesmo dia em que a reclamação for feita.

5. Desconhecem que são clientes. Sim, há pessoas desse tipo em cada lista de clientes. Em geral, elas nem sabem que são clientes. Talvez elas compraram uma vez por engano ou receberam seu produto como brinde. Trate-as como qualquer outro cliente potencial. Elas não são realmente clientes.

Não Pare de Se Comunicar com Seus Melhores Clientes

Agora que você entende quem são seus clientes, é hora de se concentrar em como tratá-los. Quando alguém se mostra um ótimo cliente, a reação natural da maior parte das empresas, grandes e pequenas, é interromper a comunicação com ele. Elas acreditam, erroneamente, que correm o risco de irritar um grande cliente por estar enviando um número excessivo de cartas ou e-mails com mais ofertas. Sem dúvida, quando você cessa ou diminui a comunicação, sua mensagem para o cliente é: "Você não é mais importante para nós."

Não caia nessa armadilha. Lembre-se de que seus concorrentes ainda estão tentando chamar a atenção de seus melhores clientes sempre que podem. Grande parte das entidades sem fins lucrativos bem administradas compreende a importância da comunicação contínua, mas adequada, com seus maiores doadores. A saúde e o bem-estar de sua organização baseia-se em convencer constantemente as pessoas que podem realmente fazer a diferença do ponto de vista financeiro. No mundo dos negócios, os profissionais de marketing sempre se concentram na regra 20/80: 80% da receita de uma empresa é gerada por 20% de seus clientes. Bastante justo. Mas as organizações sem fins lucrativos deram um passo à frente e determinaram que 50% de sua receita vêm de apenas 1% de seus doadores.

Se as empresas fizerem pesquisa e realmente identificarem os 20% que representam seus melhores clientes, em geral, elas encontrarão uma regra 10/90, o que significa que menos de 10% dos clientes geram 90% da receita. Esses 10% são um grupo que definitivamente precisa de atenção especial e de um diálogo contínuo.

Esse grupo é administrável o suficiente em termos de tamanho para que uma equipe de seus melhores profissionais de marketing se concentre nele.

Às vezes, esse diálogo toma a forma de um serviço especial que empresas como Fidelity, Schwab, American Express, Hertz e varejistas como Saks e Tiffany oferecem para seus melhores clientes. Por exemplo, pode ser um reforço constante no caixa. A Barnes & Noble tem um clube do livro com descontos automáticos no caixa para cada livro ou produto adquirido em uma de suas lojas ou on-line. Ou pode ser um complemento especial do serviço como as concessionárias de veículos fazem com seus melhores clientes, oferecendo um carro de cortesia, sem quaisquer ônus para os clientes, enquanto seus automóveis estão sendo consertados. Pode até ser como a comunicação que o Fidelity e a Schwab enviam para seus principais clientes: uma revista especial trimestral com conteúdo voltado para famílias de patrimônio altíssimo.

Quanto maior a atividade de um cliente com sua empresa, mais ele deve ser reconhecido através da comunicação, atendimento ou preço. Não importa a interação, ela deve ser relevante, atual e freqüente.

A Lição de Guthrie

No começo da década de 1980, o aclamado Teatro Guthrie em Mineápolis estava em dificuldades financeiras. Eles nos contrataram e solicitaram que criássemos sua primeira campanha para captação de recursos por mala direta para os freqüentadores fiéis durante a temporada.

Como era esperado, a gerência do Guthrie estava apreensiva e quase maluca uma semana antes da data de entrega programada. Eles ligavam constantemente com uma bateria de perguntas: "E se algumas pessoas reclamarem?" "E se elas nos enviarem cartas desagradáveis?" "E se recebermos cancelamentos das assinaturas? E se, e se... Minha resposta foi simples, com base em anos de experiência acumulada a duras penas. Sim, eu dizia, vai acontecer tudo isso. Eu garanto. Vocês estão enviando correspondência para 50 mil pessoas. Vão conseguir grande parte do dinheiro necessário. E sim, também receberão cartas desagradáveis. Na verdade, quanto mais persuasiva a carta, maior o número de respostas contrariadas que chegarão à sua caixa de correspondência.

"Existe uma forma de impedir o recebimento de cartas desagradáveis?", eles perguntaram.

"Sim," eu disse, "a solução é cancelar o envio da correspondência e não levantar o dinheiro necessário".

Eles foram em frente, enviaram a correspondência e continuam até hoje com seu Pedido Anual.

Moral da história: toda vez que você se comunica com um grande número de pessoas, ouvirá comentários indesejados de uma porcentagem muito pequena do grupo. É assim que acontece. Nunca deixe que algumas pessoas insatisfeitas ditem a maneira como você deve conduzir seu programa geral de comunicação.

A Arte de Criar Programas de Fidelidade Eficientes

DE VOLTA AO CAPÍTULO 1 em que defini os elementos que compõem uma campanha de marketing bem-sucedida, descreverei o sucesso do WorldPass, o programa de *frequent flyer* da Pan Am. Embora tenha sido a última grande companhia aérea a lançar esse programa, a Pan Am conseguiu alto nível de fidelidade de seus clientes, e seus negócios cresceram porque ela superou os programas de seus concorrentes. Os prêmios eram melhores e mais fáceis de ganhar. A comunicação era convincente. Todo o programa parecia de alto nível. E os clientes se sentiram valorizados e especiais.

Enquanto as outras companhias aéreas desembolsavam o mínimo possível para enviar cartas sobre o programa e extratos mensais, a Pan Am gastou o que era preciso em correspondência para parecer "um milhão de dólares". No pacote inicial de adesão, estava incluída uma viagem em classe econômica de ida e volta, válida em qualquer rota doméstica nos Estados Unidos por seis meses – sem datas proibidas ou restrições de qualquer tipo.

Havia apenas uma exigência. Você precisava se associar ao programa WordPass, preencher um formulário de resposta com seus padrões e preferências de viagem e pagar uma anuidade de 25 dólares.

Sim, a Pan Am foi a primeira e única companhia aérea a cobrar uma anuidade para fazer parte do programa dos *frequent flyers*. Nunca ninguém havia feito isso antes. Loucura, muitos especialistas pensaram. Eles estavam redondamente enganados. O programa decolou. Os aviões ficaram lotados como não se via há anos. Os participantes do programa pagavam a anuidade de bom grado.

A experiência da Pan Am ilustra o fundamento número 1 de um programa de fidelidade bem-sucedido.

O valor percebido do programa deve superar o custo percebido.

Nos últimos anos, tenho visto muitos programas imprecisos, em que a proposta de valor/custo não é clara. Se os clientes não conseguirem entender qual é o negócio, é provável que eles não participem ativamente.

Um grande exemplo de valor percebido positivo é o que a American Express conseguiu com seu negócio de cartões. Em 1984, ela lançou o cartão Platinum, um avanço no que diz respeito a cobrar por um pedaço de plástico. A anuidade era de 300 dólares e se o portador do cartão quisesse um cartão adicional, precisava pagar mais 300 dólares. Na época, nenhum outro concorrente cobrava mais de 50 dólares pelo privilégio de ter um cartão.

O cartão Platinum foi um sucesso desde o começo. Era elitista e estava disponível apenas através de convite. Muito inteligente. Ele também prometia muito mais serviços e benefícios, e cumpria a palavra. A American Express deixava claro que o cartão era apenas para pessoas que viajavam ou costumavam sair para jantar com freqüência.

Quase 15 anos mais tarde, a American Express lançou o cartão Black. Tinha o mesmo posicionamento básico do cartão Platinum, mas com muito mais benefícios para aqueles que viajavam freqüentemente, e um nível de serviço fora do comum. A anuidade era de mil dólares por cartão. Assim como o Cartão Platinum, a demanda pelo Cartão Black superou muito a oferta. Você pode cobrar mais por um melhor atendimento? Muito mais? E ao mesmo tempo conseguir a fidelidade do cliente? Sem dúvida, a resposta é um sonoro sim. SE as pessoas perceberem que o valor supera o custo. O valor percebido da marca American Express soma-se ao da proposta e permite que ela crie esses cartões de elite. Com altos volumes debitados no cartão e altos índices de renovação, os cartões Platinum e Black são um sucesso financeiro para a American Express e obrigatórios para todas as pessoas de alto poder aquisitivo que viajam com freqüência.

Com esses dois cartões *premium*, a American Express consegue um alto grau de fidelidade de seus clientes. Por isso, ela é invejada pelas outras empresas que atuam no setor de cartões de crédito.

O segundo fundamento de um sólido programa de fidelidade é

Concentrar-se apenas em três ou quatro grandes benefícios.

O pessoal de marketing costuma listar uma série de razões para que os clientes associem-se a um programa. Resista a esse impulso de qualquer forma. Em vez disso, apresente algumas razões convincentes que farão parte de seu programa especial. Geralmente, uma única razão é suficiente.

Veja o exemplo dos varejistas. Várias grandes redes de varejo têm programas dedicados às pessoas que compram com freqüência – os *frequent shoppers* – os quais vinculam as compras a descontos "apenas para os associados".

Barneys New York: roupas e acessórios de alto padrão e modernos.
O reembolso anual em dinheiro que pode ser gasto apenas na Barneys.

A única exigência do programa FREE STUFF para os *frequent shoppers* da Barneys é que seus membros usem o cartão de crédito, exclusivo, elegante, de cor preta da Barneys para acumular as compras. Todas as cobranças no cartão são computadas anualmente, e os participantes do programa recebem um cartão de crédito FREE STUFF no final do ano com base no total de suas compras. Todo cliente que tem um cartão de crédito sabe que quanto mais ele gasta, maior o montante acumulado que vai aparecer no cartão FREE STUFF do ano seguinte. Não há exigências contratuais ou restrições. Qualquer compra vale, desde mercadoria com preço de tabela até itens em liquidação.

A Barney fornece uma tabela simples que mostra qual valor "gratuito" você terá em seu cartão FREE STUFF com base em quanto você gasta. Quando você receber seu cartão FREE STUFF no começo do ano seguinte, terá um prazo de um ano para usá-lo. E você pode usar o cartão até que haja saldo.

Além disso, o extrato mensal do cartão de crédito da Barney mostra qual saldo do programa FREE STUFF foi acumulado até aquela data.

Esse programa de fidelidade é eficiente e fácil de entender, com um único benefício principal.

Neiman Marcus: roupas e acessórios de alto padrão. Pontos que podem ser trocados por mercadorias de acordo com níveis preestabelecidos.

Lançado em 1984, o InCircle Rewards da Neiman foi o primeiro programa de *frequent shopper* com intensa promoção para atingir os clientes e conseguir fidelizá-los.

Os participantes do InCircle recebem pontos para cada dólar gasto em seu cartão de crédito: um dólar corresponde a um ponto. Quando o cliente atinge cinco mil pontos em qualquer ano, pode trocar os pontos por mercadorias. Assim como o programa da Barneys, o saldo de pontos é zerado no dia 31 de dezembro à meia-noite; não há transferências de saldo de um ano para outro.

A Neiman Marcus torna seu programa mais interessante informando regularmente os dias em que os pontos são creditados em duplicata, isto é, quando cada dólar que você gasta equivale a dois pontos. Ela também dá benefícios e prêmios especiais para clientes fiéis extremamente ricos que conseguem comprar 1,5 bilhão de dólares em mercadorias que a Neiman Marcus tem a oferecer.

Barnes & Noble: livros, música e produtos relacionados, além de cafeteria de alto padrão. Desconto direto no ponto de compra.

A Barnes & Noble usa uma abordagem básica, de gratificação instantânea em seu programa de fidelidade. Os consumidores pagam uma anuidade de 25 dólares que lhes dá direito a um desconto de 5% em todos os itens que comprarem on-line e 10% em qualquer produto que adquirirem em qualquer loja. Os participantes do programa recebem um cartão com um número de associado. E se você esquecer o cartão? Seu telefone residencial permite que o vendedor verifique se você é associado e tem direito ao desconto.

Para itens menores, como livros e CDs, a gratificação instantânea faz muito sentido. Você constata imediatamente os benefícios em cada produto por ser associado, no exato momento da compra. Nada poderia ser mais fácil.

Os corretores on-line também oferecem alguns benefícios para seus clientes mais fiéis. Eles adotaram a abordagem direta e tradicional de conseguir a fidelidade do cliente e dar prêmios pelo volume de negócios.

Schwab, Fidelity, E*Trade e outras usam um discurso básico: quanto mais você negociar, menor o custo da cada transação. O que elas querem mostrar é que seu serviço é muito mais barato por transação em comparação aos dos corretores tradicionais, e isso é a pura verdade. Se você negociar apenas algumas vezes por ano, cada transação pode custar de 25 a 30 dólares. Se você negociar pelo menos uma vez por mês, o custo dessa transação pode cair para 15 dólares. Se você negociar com bastante freqüência, pode chegar a 10 dólares.

Os corretores on-line também reconhecem os clientes que mostram sua fidelidade deixando muito mais dinheiro na conta do que a média. Portanto, se um cliente com, digamos, 1 milhão de dólares na conta faz apenas uma negociação ocasional, ele ainda terá direito à melhor taxa – aquela que seria cobrada do cliente que negocia com freqüência.

Embora essas estratégias de fidelidade pareçam diretas, é essencial pensar em sua atitude com relação aos prêmios dos programas e ter certeza de que eles serão utilizados com base na realidade e no bom senso.

Recém chegado à faculdade na década de 1970, eu vivi na República Popular de Cambridge. Isso é mais do que um apelido carinhoso – capitalismo e recompensas à fidelidade do cliente eram desaprovados e, em geral, não permitidos.

Em um dia de primavera, um amigo aventurou-se em sua loja de calçados esportivos predileta de Cambridge para comprar sapatos. Sendo um cliente da loja com razoável freqüência, ele comprava sapatos a cada três ou quatro meses. Ele dava preferência para um determinado tipo de calçado de corrida feito por um fabricante relativamente desconhecido. O vendedor verificou o estoque e trouxe um par para que ele experimentasse. Meu amigo ficou satisfeito ao constatar que havia o calçado no estoque e pensou: "Nossa, se eles tivessem alguns pares, eu compraria todos e pouparia algumas idas à loja, futuramente." Ele perguntou quantos pares havia em estoque.

"Três," respondeu o vendedor.

"Ótimo, vou levar os três," meu amigo disse.

"Não é possível," disse o vendedor. "Não posso vender os três pares e deixar os outros clientes sem nenhum."

Meu amigo perguntou: "Você realmente vende esse tipo de calçado com muita freqüência?"

"Raramente," disse o vendedor, "mas esta é a nossa política – um par por cliente."

Não dá para entender essas coisas. Às vezes, excesso de zelo pode estragar tudo, como aconteceu e talvez ainda aconteça em Cambridge, Massachusetts.

Fidelidade no Mundo das Organizações sem Fins Lucrativos

Em um capítulo anterior, chamamos a atenção para a "regra de ouro" do marketing. Essa regra deve estar em um lugar de destaque na mesa de cada pessoa que trabalha com algum tipo de marketing, e as instituições de caridade e universidades não são exceção.

As pessoas querem repetir a experiência que as conquistou como clientes.

Quando alguém se forma na faculdade e se torna um doador potencial para o resto da vida, o que vai tocar mais essa pessoa? Resposta: um lembrete de como suas experiências durante os anos naquela instituição influenciaram sua vida – os professores que ela teve, o *campus* que ela freqüentou, os colegas, os acontecimentos políticos e sociais que ela vivenciou no curso regular ou na pós-graduação.

Na verdade, as universidades que conseguem se sair melhor em seu esforço de levantar fundos invariavelmente têm um bom programa de agente de classe, em que colegas pedem a outros colegas para fazer um contribuição anual – não alguém do escritório de desenvolvimento que está longe das experiências compartilhadas por esses alunos.

Isso vale também para as instituições de caridade. As pessoas fazem uma primeira doação por causa de um pedido que mexe com suas emoções – uma criança sem lar que foi salva, uma espécie em perigo que precisa de proteção, uma instituição que distribui sopa gratuitamente que precisa ser ampliada, uma orquestra sinfônica que quer manter seu alto nível. Os contribuintes vão ser favoráveis a futuras solicitações se elas tiverem um enfoque semelhante ao primeiro pedido que lhes foi feito.

As pessoas fazem doações por uma razão específica, para um apelo específico. O apelo pode até ser sazonal. Muitas pessoas fazem suas contribuições em dezembro e somente nessa época. Alguns gostam de doar mensalmente. Outros não.

Não importa qual fator emocional a motivou a fazer a primeira doação – ele deve, sem dúvida nenhuma, fazer parte do histórico computadorizado do doador para que sua instituição mantenha a "memória" do que motivou a primeira doação.

Esse fator emocional ou sazonal, sempre que possível, deve fazer parte do assunto de cada solicitação que é feita para o doador desse ponto em diante. Não há forma melhor de obter outras contribuições dessa pessoa.

As entidades sem fins lucrativos precisam seguir uma segunda regra importante:

Um por cento de seus doadores contribui com 50% do dinheiro.

Eu apostaria um montão de dinheiro que a maior parte das entidades sem fins lucrativos não gasta nem de longe 50% de seus recursos para angariar fundos com esse 1%. Ironicamente, esse grupo de elite tem um tamanho administrável, em geral 500 a 5 mil pessoas. Mas grande parte das organizações não se comunica de forma adequada com essas pessoas e, portanto, deixa de obter recursos que poderiam vir na forma de uma doação substancial se elas se preocupassem com a comunicação.

A seguir, algumas diretrizes básicas que ajudarão a atender e satisfazer seus contribuintes mais generosos.

- Um por cento das pessoas geralmente doa pelo menos 500 vezes mais do que a contribuição média que sua entidade recebe. Toda vez que um doador atingir esse nível pela primeira vez, o funcionário sênior de sua organização deve ligar e agradecer pessoalmente – sem exceção.

- Toda correspondência deve ser altamente personalizada. Faça tudo que estiver a seu alcance para certificar-se de que os principais doadores não recebam mala direta ou correspondência padronizada sem uma explicação. Uma atitude realmente adequada é enviar para os principais doadores cópia de correspondência, boletins informativos e revistas de ex-alunos que os outros doadores recebem. Mas inclua uma nota manuscrita "para mantê-lo a par de como estamos nos comunicando com os doadores."

- Não se preocupe com relação a se comunicar demais com esse grupo especial. Ele tem o direito e quer fazer parte desse círculo fechado. Quanto mais você se comunicar com ele, mais satisfeito e comprometido ele se sentirá. Acredite, ele não ficará incomodado com sua atenção. Ele quer receber notícias. Mas nunca se esqueça de acrescentar seu toque pessoal.

- Eles devem receber uma carta pessoal do funcionário sênior de sua organização a cada dois meses. A comunicação deve se concentrar em um relato da situação e em informações sobre futuros eventos especiais aos quais é possível que eles queiram comparecer. Essas informações devem ser passadas bem antes das datas desses eventos.

- Se você estiver em um ambiente universitário, convide-os para falar sobre sua vida e carreira. Mostre o perfil dessas pessoas em seus boletins informativos e revistas. As faculdades raramente dão destaque a seus ex-alunos bem-sucedidos no mundo dos negócios. Ao contrário, escolhem professores, assistentes sociais e outros ex-alunos que defendem várias causas sociais que elas apóiam. Essa abordagem é boa se usada com moderação, mas não a ponto de excluir homens de negócios bem-sucedidos. Afinal de contas, o capitalismo é o que mantém abertas as portas da Ivy League.

- Nas universidades, o que eu chamo de "merchandising da época" pode ser importante e em geral é deixado de lado. Não apenas para seus principais doadores, mas para todos os doadores, ofereça canecas, jaquetas, chapéus, cobertores, cadeiras – da época deles, não da atual. Eles ficarão satisfeitos em comprar e você vai conseguir mais recursos para sua instituição.

- Peça sempre *feedback*. Deve-se criar um e-mail especial para que os maiores doadores enviem idéias, comentários, reclamações e contribuições adicionais. Crie um sistema para responder todos os e-mails em 48 horas. Essas pessoas são importantes. Certifique-se de que elas sintam-se dessa forma.

É motivador interagir com pessoas que gostam de sua instituição e possuem os meios para dar suporte em um nível acima da média. Quanto mais tempo você dedicar a esse grupo, mais êxito sua universidade ou instituição de caridade vai alcançar. Um telefonema ocasional de seu presidente ou alguém de nível equivalente – pelo menos uma vez por ano – é minha sugestão final. Nada supera o reconhecimento individual.

Surpresa! Estamos Ficando Mais Velhos

Lacuna entre Gerações – Real e Imaginada

Fico surpreso quando observo que o pessoal de marketing, principalmente que compra espaço na TV, continua se concentrando na faixa etária que vai de 18 a 35 anos quando, de fato, a maior parte do dinheiro disponível está nas mãos de adultos acima de 40 anos.

Hollywood também tem uma atitude equivocada com relação à idade da grande maioria que freqüenta os cinemas, ou seja, um público entre 12 e 25 anos. Os produtores continuam a fazer uma grande quantidade de filmes com tramas maduras e enredos sérios que não atraem essa faixa etária.

Hoje, esses dois setores da mídia conseguem, ao que parece, escapar das conseqüências decorrentes dos gastos displicentes de sua verba de marketing. Mas amanhã, com as mudanças demográficas iminentes, será uma outra história.

A grande notícia é que a população mundial está envelhecendo. Na Flórida, por exemplo, 22% da população tem 65 anos ou mais – a maior porcentagem de pessoas nessa faixa etária dos Estados Unidos. Essas estatísticas podem não ser surpreendentes, mas você pode não saber que a Europa e a Ásia estão alcançando a Flórida e, na verdade, sua população está envelhecendo mais rápido do que a dos Estados Unidos e uma série de países do Terceiro Mundo. Em 2020, metade da população da Europa, incluindo a Rússia, terá 50 anos ou mais. O Japão e Cingapura também apresentarão essa mesma demografia.

Uma população cada vez mais velha vai causar impacto em todos os setores e em todos os planos de marketing.

O pior cenário final para os profissionais de marketing é que, à medida que a população envelhece, ela costuma consumir menos. As pessoas saem menos de carro. Preocupam-se menos com as tendências da moda. Não precisam da última palavra em computador ou equipamento. E mais: diminuem suas necessidades domésticas e consomem menos comida, refrigerante e álcool.

A seguir algumas outras mudanças no horizonte:

- Alguns gurus do setor financeiro temem uma enorme ruptura no mercado de ações daqui a uma ou duas décadas quando do os investidores mais velhos sacarem dinheiro para cobrir suas despesas básicas.

- Os setores de assistência médica e de medicamentos terão mercados em crescente expansão no mundo inteiro.

- As questões políticas referentes à assistência médica e à seguridade social vão ter um papel cada vez mais importante quando se tratar de ganhar eleições e administrar a economia dos Estados Unidos e do mundo todo.

- Haverá grande demanda em determinados setores de entretenimento.

Isso tudo acontecerá de uma forma ou de outra. Ainda não sabemos com qual intensidade. A conclusão é que alguns setores terão um futuro brilhante e outros despertarão cada vez menos interesse. Essa é uma nova mudança demográfica. Ela não aconteceu antes nem nesse grau, nem em uma economia mundial, com governos e negócios interligados de formas nunca antes imaginadas.

Em função do nível de incerteza relacionado ao envelhecimento da população mundial, listei alguns indicadores que você deve levar em conta quando pensar em sua futura estratégia de marketing.

- No século XXI, há duas categorias básicas de consumidores: adultos e pequenos adultos. A maturidade parece que acontece na velocidade da luz. Não vemos mais crianças interessadas em bonecas e caminhões basculantes e blocos de montar. Elas querem navegar na internet já com 3 anos de idade. Estão mergulhadas no mundo adulto muito mais cedo do que antigamente. Assistem mais a programas adultos, comem a mesma comida e viajam para lugares longínquos e com mais freqüência.

- Segurança, proteção, confiabilidade e facilidade de utilização. Esses são os quatro grandes atributos de um produto nos quais os consumidores vão basear suas decisões de compra. Os produtos que se destacarem nessas áreas serão os ganhadores.

- A atividade número 1 não relacionada ao trabalho, com exceção de dormir, ainda será assistir à televisão. Embora TV pareça algo ultrapassado, ela continuará a atrair nosso interesse, e as horas dedicadas a assistir a algum tipo de programação aumentarão gradualmente. Os especialistas têm previsto o fim das redes de televisão há décadas. Eles estão errados. A TV a cabo tem feito um enorme sucesso, mas adivinhe quem é o dono da maior parte dos canais da TV a cabo atualmente – as redes! Na verdade, o maior desafio para todo

Surpresa! Estamos Ficando Mais Velhos

o setor de entretenimento é ter uma programação suficiente para atender a demanda.

- Sim, os hábitos relacionados à TV vão mudar muito. A TiVo® e outras opções de gravação de vídeo digital vieram para ficar e serão um grande obstáculo que os anunciantes terão de superar. Nos próximos anos, a maioria dos telespectadores será capaz de assistir a programas quando desejar e pular os comerciais nesse processo. Essa mudança de controle para as mãos do telespectador vai levar a um aumento de dois tipos de programas – notícias e esportes. A maioria dos telespectadores continuará a assistir telejornais e eventos esportivos televisionados em tempo real. É por isso que a transmissão dos Jogos Olímpicos em um fuso horário diferente sempre é um desafio. Queremos ver as coisas no momento em que elas acontecem.

- A qualidade prevalecerá. Ela sempre foi o cerne do marketing de produto e em geral é o fator determinante do sucesso. Quando você manda um pacote via FedEx, espera 100% de confiabilidade de que sua encomenda chegará conforme prometido. Nos primeiros anos da FedEx, você esperava essa confiabilidade, mas não tinha acesso à qualidade – não sabia onde sua encomenda realmente estava entre o ponto de partida e o de chegada. Atualmente, a qualidade da informação é tão importante quanto as partes móveis físicas. A FedEx superou, por exemplo, o Correio dos Estados Unidos na entrega de encomendas, porque primeiramente ela mostrou ser confiável e depois usou a qualidade para se consolidar. Em uma determinada época, o Correio controlava quase 98% do envio de encomendas nos Estados Unidos. Atualmente, são meros 2%.

- Os consumidores vão exigir cada vez mais produtos de qualidade com boa durabilidade. Essa tendência não é nova, mas apenas continua a existir. No caso do setor de alimentos, isso significa que os compradores exigentes de alimentos frescos vão esperar qualidade máxima e pagarão mais por isso. Nos próximos anos, os consumidores, como um todo, vão comprar menos produtos, com exceção de medicamentos e, em muitos casos, pagarão mais por uma qualidade superior.

- A correspondência personalizada pode voltar a ser utilizada. Supondo que o Correio não vá colocar seus preços tão alto a ponto de acabar saindo do mercado, a correspondência personalizada vai ser uma ferramenta que os profissionais de marketing não devem ignorar. Os americanos mais velhos terão mais tempo para ler qualquer coisa que recebam e podem até esperar ansiosamente por isso.

Surpreendentemente, há muito menos lacunas de gerações do que antes. Mesmo em categorias mais predispostas a isso, como filmes, música e moda, há uma fusão de gostos que não era evidente nas décadas anteriores. Os *baby boomers* querem parecer o mais jovem possível, e seus filhos tentam parecer versões mais jovens de seus pais. Parece que a música é uma atividade em comum, e os sucessos de ouro de antigamente são muito populares em todas as faixas etárias. Ainda existem unidades familiares. Ainda existem valores em comum.

A verdadeira lacuna que continuará a existir nos próximos anos será entre o número cada vez menor de jovens e o maior contingente de pessoas idosas que depende da geração mais jovem para prover suporte financeiro às suas necessidades, nos Estados Unidos e em outros países do mundo. Devemos prestar muita atenção às implicações, oportunidades e desafios que essa questão representará em termos de poder de compra e como ele será usado.

Marketing para os Sexos

É uma questão de hormônios. As diferenças básicas entre os homens e as mulheres são influenciadas por esses diabinhos a vida toda. E são simplesmente essas diferenças que contam quando se trata de ter sucesso ao fazer marketing para homens ou mulheres.

A seguir, é apresentada uma lista de comportamentos a serem considerados quando se destina um produto ou serviço para o sexo masculino ou feminino.

Impulsividade: Em geral, os homens tendem a agir impulsivamente e as mulheres são mais racionais. Eu posso acordar um dia e decidir comprar uma BMW. Minha esposa não age dessa forma. Uma mulher geralmente precisa pensar na questão antes de fazer uma grande despesa, mesmo com roupas. Posso gastar este dinheiro? Como posso aproveitá-lo ao máximo? Há boas razões para comprar agora ou é melhor deixar para depois?

Do ponto de vista da propaganda, a diferença de comportamento significa que as mulheres exigem mais informações do que os homens. Os homens não precisam, ou, em geral, não querem muitas explicações, embora provavelmente se sairiam melhor se agissem dessa forma. As mulheres, na verdade, lêem aquelas partes dos contratos com letras minúsculas. Os homens não podem ter esse incômodo. Uma diferença real.

Praticidade: Você pode aprender muito observando homens e mulheres nos supermercados. Há exceções à regra, mas em geral as mulheres são mais sensatas quando compram alimento. Elas pensam no valor, qualidade e quantidade. Minha esposa comprará a maior parte dos produtos em um mercado e, então, vai até outro somente para comprar morangos porque achou que o preço no primeiro mercado era inadequado. Eu nunca me comportaria dessa forma em 1 milhão de anos.

Fidelidade: Os homens tendem a ser mais fiéis à marca do que as mulheres. As mulheres procuram o melhor negócio, mais informação, mais aspectos práticos de um produto ou serviço. Qualidade e atendimento de primeira ao cliente são, até certo ponto, suficientes para as mulheres. Quem apresentar o melhor padrão consegue que elas façam negócio. No entanto, há uma grande exceção.

Quando se trata de provedores de serviços financeiros, as mulheres são mais fiéis às marcas. Se elas tiverem uma experiência ruim ou se o desempenho do investimento for menor do que o esperado, é provável que elas mudem de instituição financeira.

Filantropia: Os americanos são muito generosos e dão bilhões de dólares todos os anos para uma grande variedade de instituições de caridade. Mas em geral são as mulheres que se sobressaem. Foi comprovado repetidamente que o melhor doador em potencial para as organizações sem fins lucrativos é uma mulher sozinha, viúva, acima de 60 anos. Além disso, as mulheres de todas as idades, solteiras, casadas, divorciadas ou viúvas, têm um sentimento especial com relação aos menos afortunados do que elas.

Os homens, por sua vez, doam mais quando se trata de três áreas específicas: universidades, grupos ambientalistas e políticos.

Como ex-alunos, os homens costumam manter maior contato com seus ex-colegas, interessam-se por notícias sobre a universidade e particularmente pelos esportes universitários. Eles valorizam a instituição em que estudaram e se interessam pelo seu contínuo desenvolvimento como um centro de aprendizado de qualidade. Se uma faculdade mantém sua excelência acadêmica e esportiva, seus diplomas continuam tendo valor.

Os grupos ambientalistas recebem grande apoio dos homens que se dedicam a esportes e atividades de lazer e ao ar livre. Todos os anos, 20 milhões de homens pagam licenças de caça e 60 milhões, licenças de pesca. Se não há terra abundante e sem devastação e córregos e riachos limpos, a caça ou a pesca não podem acontecer.

Assim como as duas categorias citadas anteriormente, a contribuição para campanhas políticas é baseada em questões práticas. Em geral, a política tem muita influência sobre os negócios, desde questões tributárias até legislação sobre os setores de atuação. Os homens ainda dominam o mundo dos negócios e querem dar mais apoio aos políticos abrindo suas carteiras e não apenas com suas atitudes.

Lazer: Sem dúvida, os homens são muito mais obcecados por esportes do que as mulheres. É claro que há muitas mulheres espectadoras, mas, de fato, quantas vão a um jogo ou assistem a uma partida de futebol na TV se não for com o pai, irmão, filho, namorado ou marido? O marketing esportivo é uma atividade de grandes proporções em praticamente todos os países do mundo e é dominado totalmente pelos homens. E os negócios relacionados ao esporte são muitos: cerveja e destilados, bebidas esportivas e refrigerantes, roupas, determinados produtos de higiene pessoal e todas as formas de equipamento esportivo.

Aparência: As mulheres gastam incontáveis bilhões com aparência, desde cosméticos e cremes até partes postiças como cabelos e cílios. E sem mencionar as cirurgias plásticas que tomaram os Estados Unidos de assalto depois de terem ficado circunscritas a Hollywood e a Nova York durante grande parte do século XX. Os homens são muito mais imunes ao canto da sereia quando se trata de vaidade. A Faith Popcorn, conhecida e respeitada especialista em tendências, citou como uma de suas principais previsões para 2003 que os homens dedicariam cada vez mais tempo e dinheiro tentando parecer mais bonitos, jovens e em forma. Ela inventou uma palavra para traduzir essa tendência: *"manity."**

Com certeza, as linhas de produtos para homens estão se ampliando, e a cirurgia plástica e as técnicas de reposição capilar nunca foram tão populares.

O importante é lembrar que, nesta categoria, as mulheres competem com suas amigas pelo direito de orgulhar-se de ser a mais bonita. Os homens simplesmente querem que as mulheres, todas as mulheres, olhem para eles. As mulheres constantemente fazem comentários quando estão juntas sobre a aparência das outras mulheres. Os homens raramente pensam em discutir a aparência de outros homens. Esses comportamentos sociais são uma diferença fundamental entre os sexos.

---

* Combinação das palavras man (homem) e vanity (vaidade). (N. de T.)

Do ponto de vista do marketing, isso simplesmente significa que os produtos de beleza para as mulheres devem ser posicionados no seguinte contexto: as mulheres devem parecer bonitas para as outras mulheres. Por outro lado, os homens querem que os produtos e as técnicas destinados a eles façam com que as mulheres percebam o resultado final. Os fabricantes de lâminas de barbear em todo o mundo entendem esses princípios. Nos comerciais veiculados por esse segmento, as mulheres sempre aparecem sozinhas, depilando as pernas. Os homens são mostrados fazendo a barba com, pelo menos, uma mulher bonita os admirando.

Não há grandes revelações no marketing para os sexos que não possam ser explicadas por sua química natural. Mas vale a pena lembrar o efeito que essas diferenças têm no comportamento e na atitude em relação ao produto ou serviço e qual mensagem específica é necessária para atrair um ou ambos os sexos.

A Grande Idéia Inovadora: De Onde Ela Vem?

AS GRANDES IDÉIAS, EM GERAL, vêm de pessoas que estão liberadas o suficiente das responsabilidades do dia-a-dia, de modo a terem uma chance de pensar. Sem reuniões, sem telefonemas, nenhum conversa habitual sobre negócios. Isso não significa que os "pensadores" devam ficar em seus escritórios oito horas seguidas. Ao contrário, eles devem liberar o cérebro e talvez realizar atividades fora do escritório: ver vitrines, ficar mais tempo num café, sentar algumas horas em um banco atrás de uma igreja tranqüila – tudo que eu faço de vez em quando.

Steve Ross, o ex-CEO bem-sucedido da Time Warner, costumava contar para seus executivos que se ele entrasse na sala deles sem ser anunciado e os pegasse com as pernas em cima da mesa, apenas pensando, eles ganhariam um bônus na mesma hora. Sua explicação: "Pago os executivos para pensarem como melhorar a empresa, não para administrar as operações do dia-a-dia. Qualquer um pode fazer isso."

132 Roube Estas Idéias!

Nem todos conseguem fazer uma grande descoberta sozinhos. *Brainstorming* em pequenos grupos pode funcionar muito bem, principalmente com as seguintes regras básicas:

- Primeiro, certifique-se de que o grupo é pequeno, de preferência cinco ou seis pessoas.

- Segundo, concentre-se em uma tarefa clara, como resolver um grande problema ou encontrar uma forma de aumentar as vendas significativamente, a satisfação do cliente ou o índice de retenção de funcionários.

- Terceiro, estabeleça um prazo curto para a tarefa, talvez uma semana ou duas. Esqueça esse negócio de reunir dados durante seis meses ou encomendar uma pesquisa especial.

- Quarto, isole o grupo das operações do dia-a-dia, de preferência em um local de reunião afastado de seu ambiente de trabalho habitual.

Uma das melhores histórias sobre um pequeno grupo que pensou em uma GRANDE IDÉIA vem do maravilhoso mundo da Disney. De volta aos tempos em que a Disneylândia existia apenas na Califórnia, Walt Disney decidiu expandir o negócio para Orlando, Flórida. Parecia uma boa idéia, exceto que a Disneylândia quase não gerava caixa suficiente para financiar esse grandioso plano. E mais. Walt Disney não aceitava de forma alguma a idéia de fazer empréstimos em bancos e se endividar – uma aversão à forma de crescer durante os tempos da Depressão e uma grande desconfiança de dever para os bancos.

Diante de um dilema, ele chamou seis gerentes em sua sala e lhes falou sobre sua idéia: construir uma Disneylândia maior e melhor na Flórida. A tarefa deles era imaginar como financiar aquele projeto caro a partir do negócio existente. Disney fez questão que o grupo se isolasse de qualquer contato com seus colegas e familiares e lhe desse uma resposta específica em uma determinada data. Ele também deixou muito claro que não queria ser desapontado. Com

A Grande Idéia Inovadora: De Onde Ela Vem? **133**

a sensação de que estava ficando sem tempo, Disney deu ao grupo duas semanas para encontrar uma solução.

Duas semanas depois, os gerentes reapareceram na sala de Disney. Eles tinham uma grande idéia que se resumia em uma frase: manter a Disneylândia aberta à noite.

Antes dessa reunião, a Disneylândia fechava sempre às 18 horas. A recomendação dos gerentes era estender o horário até meia-noite e deixar claro através de propaganda que ele era perfeito para passeios em grupo, como pessoas em convenções e turistas. Todos nós sabemos o que aconteceu. Entrou mais dinheiro e construiu-se uma Disneyworld maior e melhor.

Sem dúvida, grandes idéias lucrativas merecem uma recompensa. No caso de Disney, algumas semanas depois que os seis executivos haviam voltado, eles acordaram em uma manhã de sábado com Corvettes conversíveis vermelhas estacionadas na entrada de suas casas, com as chaves em um envelope e um cartão manuscrito do chefe. Sim, Disney também pagou os impostos dos carros, aumentando o salário de cada executivo de forma a completar o valor necessário.

Para serem bem-sucedidas, é preciso que as grandes idéias sejam simples de entender e de implementar. Como no caso da Disneylândia, elas geralmente significam mudar o negócio existente de uma forma na qual ninguém havia pensado antes.

Às vezes, a idéia faz seu produto ou serviço se destacar da multidão e ser notado. Talvez seja um porta-voz que capta a imaginação de clientes em potencial. Ou um novo atributo ou benefício que realmente lhe dá uma vantagem em relação à concorrência. Grandes idéias significam ser o primeiro. Sim, outros podem imitá-lo, adotando uma estratégia semelhante, mas você chegou primeiro, e isso tem um grande impacto em qualquer mercado.

Um outro exemplo de pensamento inovador é o Memorial do Vietnã em Washington D.C. Em vez de escolher um monumento que refletisse a visão comum sobre a guerra, a equipe de veteranos,

134 Roube Estas Idéias!

que realizou um grande concurso para a escolha do projeto, optou por uma representação radical tão extrema que o memorial quase não foi construído. O mesmo de sempre – soldados em várias situações de agonia, uma grande estrutura semelhante a um mausoléu com águias guardando a entrada, até um capacete enorme com o interior revestido com as placas de identificação dos soldados.

O que não se esperava era o impacto que causaria uma placa de granito preto, idealizada por Maya Ying Lin, americana de origem asiática, estudante de pós-graduação da Faculdade de Arquitetura de Yale. Colocado abaixo do nível do chão, a placa lustrosa enumera de forma dramática o nome de todos os soldados que tombaram em batalha. Os visitantes vão descendo, contornando a parede do memorial, passando pelos nomes de milhares de soldados gravados no granito. No final, você volta à superfície quando a lista de nomes chega ao fim. O Memorial do Vietnã é diferente de qualquer outro já construído, radicalmente diferente, muito controvertido e muito forte.

Ter idéias inovadoras significa pensar diferente. Há algum tipo de risco na maioria dessas idéias e, em geral, elas não são aceitas de imediato pelas pessoas que, no final, tomam as decisões.

É claro que, às vezes, a pessoa que toma as decisões, em última análise, é que tem as grandes idéias. O indivíduo mais cativante e brilhante com quem já trabalhei é Edward "Ned" Johnson, a força inquestionável por trás do sucesso do Fidelity Investments. O que torna Ned tão especial é o fato de ele acreditar que as pessoas merecem um melhor serviço do que recebem. Ned estendeu esse compromisso com um serviço de melhor qualidade além do Fidelity ao criar duas novas empresas: a Boston Coach, um serviço mundial de limusines, e o Seaport Hotel, ao lado do World Trade Center de Boston.

Ned criou a Boston Coach pois estava cansado de táxis sujos com motoristas que apenas tinham uma vaga noção de como chegar ao destino. Ele também não estava satisfeito com o serviço de limusine tradicional que era muito pretensioso para seu gosto. Dessa forma, a Boston Coach nasceu e foi formada segundo as regras práticas de Ned:

1. Oferecer carros confortáveis, não limusines pomposas.
2. Manter todos os carros impecáveis sempre.
3. Adotar uma mentalidade de prestação do melhor serviço possível ao cliente, com uma central de atendimento 24 horas.
4. Criar um programa rigoroso de treinamento de motoristas e demitir imediatamente aqueles que não conseguem passar nos testes contínuos sobre conhecimento de itinerários, pontualidade, gentileza e apresentação pessoal.
5. Nenhum dinheiro passa da mão do passageiro para o motorista. Todas as despesas são faturadas.
6. É proibido dar gorjetas. Os motoristas são demitidos se cometerem uma única infração.
7. Os motoristas podem participar da divisão de lucros.

A Boston Coach tornou-se uma sensação da noite para o dia em Boston e, desde então, expandiu-se para as principais cidades dos Estados Unidos e do exterior.

O Seaport Hotel tem uma filosofia de trabalho semelhante à da Boston Coach. Quartos impecáveis, funcionários admiravelmente treinados e escolhidos, e nada de gorjetas. É isso mesmo, um hotel onde você não precisa de um monte de notas de pequeno valor para entrar e sair, pedir um táxi, ter ajuda com a bagagem ou para o serviço de recepcionista.

A maior parte das empresas é criada com base em uma idéia inovadora original. Diner´s Club, o primeiro cartão de débito, seguido pela American Express, Federal Express, o serviço de transporte de Nova York/Washington/Boston da Eastern Airlines, e assim por diante. A lista é infinita.

Um dos meus exemplos prediletos de uma idéia inovadora do século XIX é a criação da remessa programada. Em 1804, uma empresa de navegação de Nova York foi a primeira a perceber que os clientes seriam mais bem atendidos se soubessem quando receberiam as mercadorias que lhes eram enviadas. Durante milhares de anos antes de alguém ter essa grande idéia, os navios não tinham uma data certa de partida. Eles deixavam o porto quando o capitão decidia ou quando todos os compartimentos de carga estivessem cheios ou se o tempo estivesse bom ou quando a tripulação finalmente estivesse sóbria. Essa idéia representou uma GRANDE mudança no mundo comercial.

Uma das principais funções do executivo de marketing é criar um ambiente onde idéias inovadoras como essa sejam divulgadas. Onde nenhuma idéia seja louca demais para ser imediatamente descartada. Há muitas grandes idéias por aí. Seja receptivo a elas.

Internet:
Anuncie a Esperança

COMO QUALQUER OUTRO SETOR de seu negócio, seu *site* pode ser um elemento essencial para aumentar as vendas e a rentabilidade, desde que você entenda para quem você o mantém – seus melhores clientes. Se você pode agradar seus melhores clientes com facilidade de uso e total confiabilidade, os dois aspectos mais importantes para a satisfação do usuário, a propaganda boca a boca vai ajudá-lo a aumentar o movimento e seus negócios.

Acreditar que uma empresa pode atrair clientes potenciais com um ótimo *site* é ingenuidade. Por quê? Porque a matemática simplesmente não apóia essa crença.

Em 2000, a Forrester Research, a empresa de consultoria em tecnologia mais respeitada do mundo, realizou um estudo abrangente sobre o tempo despendido com a internet em comparação com a televisão. Os pesquisadores descobriram que, em média, os adultos com mais de 18 anos ficam alguns minutos por dia na internet e sete horas assistindo à televisão. Eles também descobriram que os usuários da internet freqüentemente não visitam mais de 11 sites dos 30 milhões que estão disponíveis. Também não foi surpreendente o fato de os telespectadores escolherem regularmente programas de apenas 11 canais dos 70 disponíveis na grande parte dos domicílios.

A matemática é surpreendente: sete horas por dia de televisão *versus* minutos por dia na internet. A televisão claramente é o elefante na sala. Embora o número de domicílios com conexão à internet tenha ultrapassado o número de casas com TV a cabo, as estatísticas sobre utilização ainda pendem "significativamente" para a televisão. Ironicamente, os milhões e milhões de *sites* disponíveis trabalham contra qualquer outro *site* dominante. As pessoas têm tempo apenas para uma coleta finita de dados na internet.

Então, como você se sobressai, já que é tão difícil ser notado na internet? Eis uma idéia simples para começar. O endereço da maior parte dos *sites* está posicionado como um adendo na literatura promocional, propaganda, placas sobre a empresa e até nos cartões de visita. Se você olhar detalhadamente, vai conseguir achá-lo no final da página com uma letra muito pequena. Esse posicionamento com certeza não diz de maneira ostensiva ENTRE NO MEU SITE!

E é isso que precisa ser feito. É necessário DIZER OSTENSIVA-MENTE. O endereço de seu *site* deve vir logo no início, bem visível, com uma letra grande, de modo que ele diga de forma visual: "Entre no meu *site* imediatamente e coisas boas acontecerão." Por que ninguém faz isso? Não consigo descobrir. Pense em seu endereço na internet como um título. Não o coloque em um canto qualquer. Não use a letra minúscula. Coloque-o em posição de destaque.

Infelizmente, uma vez que as pessoas são atraídas para seu *site*, é provável que a primeira reação seja de decepção. Lembre-se do "inimigo". Quando você liga a televisão, a tela está repleta de pessoas em ação – apresentadores de programas de notícias, esportistas, apresentadores de programas de entretenimento, astros de novela

Internet: Anuncie a Esperança   **139**

– e você imediatamente é atraído. Entre em praticamente qualquer *site* e se houver algum tipo de movimentação, em geral, é alguma propaganda de outro serviço. O que falta freqüentemente são pessoas. E como os leitores ávidos da revista *People*, os visitantes de seu site estão buscando uma forma de se conectar, esperando encontrar pessoas que possam ajudá-los a comprar seu serviço.

Serviços de encontros on-line se tornaram populares principalmente porque pessoas que encontram pessoas é seu único produto. Essa é uma idéia interessante para se pensar quando projetar seu *site*. Que tal uma mensagem de boas-vindas, talvez um personagem animado, para saudar os visitantes e direcioná-los para o conteúdo que estão procurando? Pelo menos, deveria haver uma breve mensagem de boas-vindas do CEO, fundador ou porta-voz da empresa.

Todos nós ouvimos todo aquele alarde sobre a internet na década de 1990: a televisão estava morta, as lojas físicas eram coisa do passado e a internet, a solução para todas as necessidades da humanidade. Bom, esse pensamento moderno seguiu seu curso e esvaziou muitos bolsos ao longo do caminho.

Isso posto, os *sites* on-line continuam a aumentar o tráfego e os negócios em duas áreas principais: últimas notícias, incluindo informações financeiras; e empresas que disponibilizam serviços de transações simples de forma muito mais fácil do que utilizando qualquer outro método que não a internet.

Os serviços bancários on-line existem há mais de uma década, mas começaram a ganhar força apenas nos últimos anos. Por quê? São fáceis, convenientes e muitíssimo rápidos. No entanto, sua aceitação é limitada a transações simples como saldo, pedido de talão de cheques e extrato on-line. Tem sido difícil vender o serviço de pagamentos de contas on-line porque isso requer o envolvimento de outras partes e não é tão simples quanto fazer um cheque e selar um envelope.

As reservas de viagem on-line ou a compra de ingressos para filmes, peças e eventos esportivos não exigem que o usuário quebre a cabeça, e crescem em popularidade a cada dia. O mesmo vale para as reservas on-line em restaurantes locais ou em muitas cidades importantes e *resorts* em todo o país.

A corretagem on-line tem sido usada há muito tempo, pois na verdade comprar ou vender ações ou fundos mútuos é uma transação muito simples. On-line, você pode fazer isso a qualquer momento, dia ou noite, de forma eficiente e barata.

A razão dessa aceitação cada vez maior é clara. Serviço rápido, sem chateação, confirmação instantânea, conveniência total 24 horas, sete dias por semana. Esses atributos são a razão do sucesso das corretoras on-line, agências de viagens, serviços de vendas de ingressos, livrarias, grandes magazines e outros no negócio de transformar o que antes tomava tempo e era complexo. Transações simples do começo ao fim. Não é necessário ficar na fila. Não é necessário aguardar ao telefone. Nenhuma rejeição do outro lado da linha para fazer aquela reserva para jantar que você realmente quer.

O que o futuro reserva para a internet? Ela pode influenciar nossas vidas de uma forma significativa e positiva? A resposta é um sonoro "sim". A simplificação de tarefas demoradas e complexas é a grande contribuição para os usuários conectados. Comunicação instantânea através de cidades, países, continentes é um sonho do profissional de marketing se realizando.

Então, a esperança é a seguinte: que a internet se torne um importante mecanismo para a comunicação e o comércio internacionais, uma verdadeira aldeia global para as diferentes culturas para que elas se entendam melhor. A televisão atua nos mesmos frontes, mas não de uma forma verdadeiramente pessoal. Você não consegue interagir de maneira direta, assim como você faz na internet. O próximo desafio será acrescentar uma dose do poder da TV – seu movimento e seqüência – à internet. Esse ingrediente final que está faltando ajudará a concretizar o verdadeiro potencial da internet no futuro e propiciará oportunidades infinitas de criação para todos os profissionais de marketing.

O Poder das Relações Públicas e dos Patrocínios

MUITO SE TEM DEBATIDO entre os profissionais veteranos de marketing sobre a eficácia da propaganda em comparação às relações públicas, como se fosse preciso escolher entre uma e outra. Essa discussão não faz sentido – é como tentar provar que a prevenção contra o câncer é melhor do que a cura do câncer. Precisamos tanto da propaganda quanto das relações públicas e sempre vamos precisar porque elas se alimentam, complementam-se e necessitam uma da outra.

Há três tipos de RP – interna, externa, e se você for uma empresa de capital aberto, relações com os investidores. Todos os três devem ser bem administrados e desenvolvidos e, mais importante, bem alinhados com seu plano estratégico e programa de marketing. Pense em RP como uma outra ferramenta de marketing e coloque-a no grupo de marketing, de modo que ela receba a atenção que merece e faça sempre parte de cada iniciativa de marketing.

Muitas empresas utilizam RP apenas como uma medida de reação para lidar com problemas de publicidade ruim ou uma crise inevitável. Ter conhecimento de gestão de crises é essencial, mas a capacidade de ser proativo vai aumentar a força das relações públicas. Você deve sempre procurar formas de colocar sua empresa sob o prisma mais favorável. Essa não é a hora de sentar e pensar que boas oportunidades vão aparecer por si só. Como Vince Lombardi disse: "A melhor defesa é um bom ataque." Seja proativo.

Sua primeira e mais importante tarefa proativa é levar a sério as comunicações internas e investir dinheiro nessa atividade. No mínimo, a RP interna deve ser de responsabilidade de um só funcionário; em uma empresa pequena, essa função pode ser compartilhada.

Nenhuma empresa é bem-sucedida sem funcionários altamente motivados e informados. Durante anos, os psicólogos têm dito que as três questões mais importantes para os funcionários são:

1. Reconhecimento
2. Serem tratados como um do grupo
3. Remuneração adequada

Note que dinheiro está em terceiro lugar da lista.

Você precisa se comunicar com seus funcionários o tempo todo. SEMPRE os alerte sobre o lançamento de uma nova campanha de marketing. SEMPRE lhes peça *feedback*. SEMPRE os avise sobre histórias que vão aparecer na imprensa, tanto positivas quanto negativas. SEMPRE se comunique com eles de igual para igual. Os executivos mais antigos da empresa devem ser capazes e estar dispostos a se reunir com os funcionários para falar sobre os pontos positivos e negativos e sobre os aspectos desagradáveis do negócio.

Depois dos funcionários, seu segundo público mais importante são os jornalistas que cobrem o setor que você atua. Mais uma vez, a alta gerência, e até mesmo a média gerência, deve ser acessível.

O Poder das Relações Públicas e dos Patrocínios **143**

Na maior parte dos casos, eles precisam de *coaching* e treinamento sobre mídia para se tornarem verdadeiros defensores de sua empresa. Alguns têm o dom natural, mas são exceções. Tenha certeza de que o profissional de RP esteja sempre presente quando um repórter estiver conversando com um funcionário de qualquer nível hierárquico ao telefone ou pessoalmente. A presença dessa terceira pessoa ajuda a manter tudo no caminho certo.

Trate os repórteres com respeito e dignidade. Não aja de forma arrogante nem se apresse em responder às perguntas. Na verdade, você deve agradecer por eles estarem dedicando seu precioso tempo a você.

Eu me lembro de um repórter de uma importante publicação especializada em negócios que me ligou em *off* para fazer perguntas sobre um CEO da *Fortune 50* com o qual eu trabalhei. Ele disse que sua revista planejava publicar uma grande história sobre como esse CEO estava administrando a empresa depois que havia sido promovido ao cargo mais alto. Em resposta às suas perguntas, eu disse que ele era brilhante, às vezes impaciente com os outros, mas no fundo um bom sujeito que realmente se importava com a empresa, os funcionários e os clientes.

Algumas semanas mais tarde, o repórter me ligou para agradecer as informações e disse que o futuro artigo sobre o CEO seria muito negativo. Três motivos: o CEO fez o repórter esperar uma hora; durante a entrevista, o CEO disse que tinha coisas mais importantes a fazer e podia conversar apenas durante metade do tempo que havia sido combinado; para piorar ainda mais as coisas, o CEO disse que não gostava muito de repórteres.

Essa história mostra que líderes inteligentes podem fazer coisas realmente idiotas quando representam sua empresa. Onde estavam os profissionais de RP que deviam ter dado treinamento para esse CEO muito tempo atrás sobre como lidar com os repórteres?

Os relacionamentos com a mídia precisam ser cultivados e administrados para atender aos interesses da empresa. Não se

144 Roube Estas Idéias!

trata absolutamente de manipulação, mas apenas boas maneiras básicas.

O primeiro passo para administrar esse relacionamento é aprender um pouco sobre os repórteres. Em geral, eles são um grupo de pessoas inteligentes, instruídas, mas não necessariamente com uma formação completa, abrangente. Eles geralmente acreditam serem mal pagos e depreciados pela sua própria empresa. Eles ganham muito menos do que as pessoas às quais se reportam e em geral se ressentem disso. E como a maioria das pessoas sob pressão, pegarão atalhos para cumprir prazos.

Eis algumas dicas sobre como lidar com repórteres:

- Sempre retorne a ligação prontamente, mesmo se você não puder ajudá-los
- Tente dar cobertura exclusiva para dois ou três principais repórteres especializados em seu setor, às vezes para um, às vezes para outro
- Seja sempre pontual nas entrevistas
- Sempre solicite o direito de verificar os fatos antes de uma história ser publicada
- Se há algum aspecto que você realmente quer deixar muito claro, repita-o várias vezes durante a entrevista – na verdade, repita à exaustão, até não agüentar mais
- Não importa o que lhe prometeram, tudo o que você disser vai constar, não é em *off*
- Pague o almoço para eles de vez em quando e agradeça a cobertura que eles fazem de seu setor

E a relação com os investidores? As empresas podem melhorar sua imagem oferecendo acesso regular aos executivos mais experientes através de *conference calls* e conteúdo na internet. Peça a opinião do acionista – o tempo todo. No seu *site*. Em seu relatório anual. Em um número de telefone exclusivo para eles. Eles sempre

O Poder das Relações Públicas e dos Patrocínios **145**

lhe dirão a verdade – boa ou ruim, não importa. De vez em quando, você pode até obter uma idéia REALMENTE boa.

E não se esqueça de acusar o recebimento dos comentários imediatamente. Enquanto estiver fazendo isso, por que não oferecer um produto ou serviço especial disponível apenas para os acionistas? Se as empresas passassem mais tempo fazendo os acionistas se sentirem especiais, poderiam descobrir um novo filão de negócios. Pense no marketing para os acionistas em vez de relações com os acionistas. Vocês podem não ter relações consangüíneas, mas partilham de um interesse, ou seja, o crescimento de uma empresa bem-sucedida.

Patrocínios

Não vamos fugir do assunto. Patrocínios são controvertidos. Vamos analisar alguns casos que ocorrem nos Estados Unidos: o Desfile do Dia de Ação de Graças da Macy´s gera mais negócios para a empresa? O Fleet Center em Boston faz alguma coisa pelo Fleet Bank ou Bank of America, sua empresa controladora? E o longo patrocínio da Exxon Mobil para o Masterpiece Theatre? A lista é interminável.

É quase impossível calcular o efeito dos patrocínios nos resultados financeiros de uma empresa. Se você se concentra exclusivamente no aumento da receita, esqueça o patrocínio. Mas se você leva em conta outras formas de medir seu valor, como o impacto positivo que ele pode ter sobre os funcionários e suas famílias, o patrocínio pode ser extremamente valioso.

Uma história eterna, *Um Conto de Natal*, de Charles Dickens, pode ser um dos primeiros exemplos literários de patrocínio e seu retorno. Ebenezer Scrooge via tudo em termos monetários exatos até sua noite com os fantasmas do Natal passado, presente e futuro. Então, seguindo uma revelação que dinheiro por dinheiro não é um objetivo nobre, ele patrocinou Tiny Tim e a família Cratchet pelo resto da vida. Sua recompensa? Isso fez com que ele se sentisse bem.

A integração é a chave para um patrocínio bem-sucedido. Vou relatar agora minha experiência com a Key Corp e a Key Arena em Seattle.

Em meados da década de 1990, como CEO de marketing da Key Corp, eu reestruturei o patrocínio do novíssimo ginásio de basquetebol de Seattle. Embora a matriz da Key Corp seja em Cleveland, ela tem uma presença significativa no Estado de Washington, principalmente na área de Seattle.

Os proprietários do Seattle Sonics sondaram a Key Corp com relação a um patrocínio de 15 anos para a construção de um novo ginásio com inauguração prevista para 1997. O custo do patrocínio anual ficava em torno de 1,1 milhão de dólares, um montante razoável, tendo em vista o que essas coisas costumam custar. Embora estivesse atuando em Seattle há 8 anos, o nível de reconhecimento do Key Bank através de pesquisa junto ao consumidor era baixo. Estava claro que esse patrocínio era uma maneira de aumentar significativamente o nível de reconhecimento do Key Bank no mercado de Seattle.

Para resumir, montamos um pacote totalmente integrado para convencer o CEO da Key Corp e o conselho de que nosso negócio no noroeste dos Estados Unidos, sem dúvida, iria se beneficiar com essa parceria. O negócio foi fechado.

O maior concorrente do Key Bank, o SeaFirst, com quase 100% de reconhecimento, havia sido o patrocinador do antigo ginásio de basquetebol. O pessoal do SeaFirst não ficou nada satisfeito quando soube que tínhamos assinado um novo contrato de patrocínio bem debaixo do nariz deles. Ironicamente, o SeaFirst detinha os direitos sobre os caixas eletrônicos da área adjacente ao Space Needle Park, inclusive a região em volta do ginásio de basquetebol – mas não no ginásio em si. Estou falando de divertimento e intriga.

Sim, deixar o SeaFirst para trás na questão do patrocínio do novo ginásio foi um grande golpe. Mas se o SeaFirst já era o patrocinador, por que não levou vantagem? Colocando de forma simples,

O Poder das Relações Públicas e dos Patrocínios **147**

porque eles deram como certo o relacionamento de longa data com o Seattle Sonics.

Quando foram anunciados os planos de construção do novo ginásio, inclusive a disponibilidade dos direitos sobre o nome, o SeaFirst simplesmente pressupôs que ele seria o patrocinador. Eles não sentaram com todas as partes envolvidas para elaborar imediatamente um novo contrato, e sua falta de ação desagradou a gerência do Sonics. Aí entra a Key Corp, que estava pronta para negociar e rapidamente fechar um acordo – não em semanas ou meses, mas em dias. Essa decisão rápida foi o argumento decisivo. Se você está interessado em procurar um possível patrocinador e conhece outras empresas que podem estar no páreo, parta imediatamente para a ação. Não há motivo para um longo "namoro" nesse tipo de relacionamento antes que as duas partes se casem.

Agora era hora de dar nome ao novo ginásio. Os órgãos governamentais, a cidade de Seattle e a gerência do SuperSonics, todos pensaram que ele deveria se chamar Key Bank Arena. Era uma opção deselegante, um pouco egoísta e uma representação incorreta dos outros negócios da Key Corp que tinham nomes como Champion Mortgage e McDonald´s Investiments. No final, optamos por Key Arena. Simples e nobre. A imprensa local ficou impressionada porque a palavra "banco" havia sido omitida de seu novíssimo ginásio de basquetebol de nível internacional. Sem dúvida, uma grande jogada para a Key Corp e a comunidade de Seattle.

Nos primeiros seis meses de patrocínio, o reconhecimento do Key Bank por parte do público no mercado de Seattle aumentou de 8% para 50%. E continuou a aumentar e, passados dois anos, alcançou o SeaFirst.

Os acordos para patrocínio de estádios são complicados. Se você nunca fez um negócio desses antes, contrate um consultor ou advogado experiente. Como ponto de referência, gostaria de listar os principais pontos do contrato de marketing de 15 anos da Key Corp com o ginásio de basquetebol de Seattle:

- Placa nos quatro cantos do teto com o nome do estádio, iluminada à noite
- Placas em todas as principais entradas, inclusive no estacionamento do lado do estádio
- Sinalização abundante no chão da quadra e propriedade exclusiva do placar que fica acima da quadra
- Logotipo da Key no uniforme de todo o pessoal que trabalha no estádio, em todos os guardanapos, travessas, pratos e copos de plástico utilizados pelos fornecedores dentro do ginásio
- Direitos exclusivos sobre os caixas eletrônicos dentro do ginásio
- Uma agência especial em algum local do ginásio
- Um camarote central na quadra com capacidade para 20 pessoas – disponível para todos os eventos no ginásio, sejam ou não de basquetebol
- Acesso à mala direta de todas as pessoas que possuem camarotes ou compraram ingressos para toda a temporada
- Logotipo e nome da Key em todos os ingressos para todos os eventos realizados no ginásio
- Em jogos televisionados, o logo da Key aparece em cada intervalo comercial
- Tempo gratuito de propaganda no rádio e na televisão locais que cobrirem todos os jogos do Seattle Sonics em casa ou no campo do adversário
- Um bloco de ingressos pela metade do preço para os funcionários da Key e suas famílias para os jogos do Sonics em casa
- Direito preferencial de recusa de patrocínio a outros eventos de qualquer natureza a serem realizados no Key Arena durante o prazo de 15 anos
- No caso de greve da liga de basquete, um crédito proporcional sobre o custo anual do patrocínio

Política e Promoção

QUANDO SE PENSA NISSO, as campanhas políticas usam todos os elementos do sucesso em marketing porque concentram-se em uma determinada data – o dia da eleição. Nada é mais importante do que a eleição do candidato naquele dia.

Todo elemento de uma campanha política bem-sucedida é ampliado e simplificado ao mesmo tempo. Sendo o dia da eleição o ponto final, não há tempo, nem interesse em um debate sem fim sobre orçamentos, estratégia, teste de mensagens, planejamento e replanejamento de mídia. E mais, as campanhas políticas conseguem cada vez menos a atenção do eleitor.

Conseqüentemente, a equipe de campanha deve estar focada. Ficar focada. As pessoas devem ser estimuladas a ficarem empolgadas. Veicular notícias positivas sobre o candidato. Ter um apelo à ação persuasivo – por que as pessoas devem votar em seus candidatos. E fazer isso dentro de um prazo determinado.

Ao longo de uma campanha política, todas as ferramentas de marketing são utilizadas – criação de uma proposta de venda única e um bom *slogan* para conhecimento do "cliente" que vota, a utilização de relações públicas, eventos especiais, discursos públicos e, é claro, a personalidade inesquecível e diferenciada do candidato. O pessoal de marketing pode aprender muito com o ambiente de "panela de pressão" de uma campanha política. Em algum momento, dedique tempo para trabalhar para um candidato público. A política é marketing, o tempo todo.

Nas décadas de 1970 e 1980, eu trabalhei em campanhas de marketing direto para diversos candidatos e organizações partidárias nacionais como o Comitê Senatorial Republicano. Nessa época, conheci Paul Newman, um consultor político muito inteligente. Ele não é nenhum Butch Cassidy; é um pouco barrigudo, tem olhos castanhos e sempre se refere a si próprio como "o verdadeiro Paul Newman."

A filosofia simples de Paul sobre como administrar campanhas políticas bem-sucedidas aplica-se a qualquer atividade de marketing.

1. Esqueça o termo "eleitor". As pessoas não acordam de manhã, olham no espelho e dizem: "Nossa, eu sou muito feliz por ser eleitor." Na verdade, os eleitores não pensam muito no seu candidato, ou em qualquer outro.

No mundo dos negócios, acreditamos erroneamente que os consumidores se vêem como consumidores de nossa empresa. Eles fazem isso, mas muito ocasionalmente, quando têm uma necessidade específica ou um problema que podemos ajudar a resolver.

2. A apatia do eleitor significa que as pessoas, no fundo, estão basicamente satisfeitas, não que elas não gostam de sua liberdade e de seu país. Da mesma forma, seus clientes não vão telefonar todos os dias para dizer: "Obrigado por estar no mercado. Realmente isso é muito bom." Isso não significa que eles são indiferentes a seu produto ou serviço.

3. De acordo com Paul, as campanhas políticas se resumem a uma "cirurgia de emergência". As últimas três semanas de campanha política são as que importam. Você tem de fazer tudo, colocar tudo no ar e fazer campanha sem parar. É quando é provável que as pessoas realmente prestem atenção em toda a retórica na mídia. Essas três semanas são o momento em que as pessoas começam a perceber que há um candidato em que elas podem de fato votar no dia da eleição que está chegando.

No mundo dos negócios, cada carta, folheto e campanha de marketing deve ter um prazo – uma razão clara para que o consumidor reaja em um período relativamente curto.

4. As pessoas verdadeiramente se vêem como eleitores apenas quando estão na cabine de votação. E, então, sua decisão é: "Voto em fulano ou em sicrano?"

Nos negócios, a crença de que há grandes diferenças entre seu produto e o de outra empresa em geral não é percebida pelo consumidor. A mensagem sobre o que faz você ser especial e melhor e, portanto, o "candidato" certo para o voto do consumidor está clara? Mantenha o contato com seu público. Se o que você lê se limita aos dois principais jornais da cidade, com certeza você não estará em contato com o que a maioria está pensando. Assine um ou dois jornais de cidades pequenas, independentemente do lugar onde você nasceu.

RightTime Marketing

No início da década de 1990, eu cunhei a expressão RightTime Marketing. Ela significa passar a mensagem certa para a pessoa certa exatamente na hora certa. Um princípio de marketing muito lógico e fácil de lembrar, mas que necessita de muita precisão e atenção aos detalhes para dar certo. Ele pode ser o ponto crucial nas campanhas políticas.

Um dos meus primeiros clientes na área da política, o prefeito Kevin White, de Boston, estava se candidatando pela quarta vez, o que era inédito, e estava preocupado em ser cansativo com o eleitor. Juntamente com seu consultor político local, nós elaboramos um plano para que o prefeito White passasse uma mensagem convincente de preocupação com os distritos em que a apatia dos eleitores, na eleição anterior, tivesse sido realmente um problema.

Três meses antes do dia da eleição, os voluntários fizeram campanha porta a porta nesses distritos específicos. Eles pediram a cada residente para verificar uma lista de dez questões e escolher as três mais importantes em sua opinião. Sete dias antes da eleição, enviamos milhares de cartas, por e-mail, de Kevin White para cada pessoa que havia falado com o voluntário.

As cartas expressavam a paixão do prefeito White pelo seu trabalho e pela cidade de Boston. Elas também diziam que, se ele fosse reeleito pela quarta vez, os três principais pontos de sua agenda seriam... aqueles três que o respondente havia mencionado vários meses atrás. Essencialmente, a campanha tinha uma plataforma personalizada do prefeito para os eleitores no momento-chave da tomada de decisão: "Devo votar no prefeito White, no outro candidato ou em nenhum deles?" O prefeito ganhou com uma margem que refletia um desempenho melhor do que o esperado nos distritos para os quais a campanha da carta havia sido destinada.

Eis um exemplo de RightTime Marketing em nível nacional:

Quando o presidente Richard Nixon, juntamente com seu vice, Spiro Agnew, anunciaram formalmente sua candidatura para um segundo mandato, o Comitê Nacional do Partido Democrata não perdeu tempo. Ele enviou uma carta breve e muito direta para milhões de democratas registrados. Apenas setes linhas, e ela conseguiu arrecadar muito dinheiro.

Cara Sra. Nelson,

Há duas razões muito importantes para que a senhora faça uma contribuição especial hoje, de quanto puder, para o Comitê Nacional do Partido Democrata.

1. Richard Nixon
2. Spiro Agnew

Solicitamos que a senhora responda o mais breve possível.
Não há tempo a perder.

O futuro da América está em jogo.

Atenciosamente,

(*assinado pelo presidente do comitê*)

Há muitas maneiras criativas de passar a mensagem correta
para a pessoa certa no momento certo e o retorno pode ser excelente. Pense nas oportunidades em seu negócio. Pode ser que você
queira reler o Capítulo 12 no qual eu discuto como aliviar a ansiedade pós-compra. Isso é fundamentalmente RightTime Marketing
sendo aplicado a cada cliente, todas as vezes que ele interage com
sua empresa.

TV TV TV

A TV TEM PODER. Geralmente digo a meus colegas que, para
chamar a atenção da maioria das pessoas, temos de lembrar do
papel da TV em nosso dia-a-dia. Todos os estudos feitos sobre os
hábitos relacionados à TV nas últimas cinco décadas mostram sua
presença constante em nosso dia-a-dia. Em média, cada americano, por exemplo, com mais de 18 anos, assiste de seis a sete horas
à TV por dia. Eles podem não estar grudados na TV o tempo todo,
mas ela está ligada, brilhando intensamente.

Desde as primeiras propagandas políticas na TV feitas na campanha de Eisenhower na década de 1950, a TV se tornou o elemento individual mais importante para veicular a mensagem dos
candidatos para os possíveis eleitores. Os debates presidenciais a
cada quatro anos são o segundo programa mais assistido depois
do *Super Bowl*. Na preparação para a mais recente eleição, em

154   Roube Estas Idéias!

novembro de 2004, foram gastos quase 2 bilhões de dólares no verão e outono desse ano em propaganda política para os candidatos locais e nacionais.

Grande parte dessa propaganda é o que eu chamo de "ataque ao outro candidato", que é um ponto controvertido e sempre será. Infelizmente, funciona. Ela enche de energia os simpatizantes dos candidatos de ambos os lados, o que realmente não muda nada, mas também faz com que alguns eleitores indecisos fiquem contra o candidato que está sendo atacado. Ela também mantém possíveis eleitores em casa, aqueles que simplesmente se desligam de todo o processo. Em algumas eleições em determinadas partes do país, impedir que os eleitores se desliguem do processo é uma estratégia não revelada.

Os números da eleição mais recente para presidente em 2004 apontam para esse fato. Uma quantidade recorde de 120 milhões de pessoas votou ou em George W. Bush ou em John Kerry. Mas outros 80 milhões aptos a votar não exerceram seu direito – 40% do total de eleitores qualificados, o que são números impressionantes. Em cada período de campanha eleitoral, muitas pessoas simplesmente ficam cansadas de toda a propaganda negativa e não fazem nada. Elas concordam com a teoria de Paul Newman do fulano *versus* sicrano desta forma: por que votar se eu não gosto de nenhum dos dois?

E ser agradável é fundamental, fundamental para vencer as eleições. A maneira como o candidato se apresenta na tela da TV influencia como a maioria dos americanos vai julgar onde colocar seus votos ou se não vai votar. Vale a pena lembrar desse ponto nas ocasiões em que os representantes de sua empresa precisam se apresentar na TV. Você deve fazer tudo que estiver a seu alcance para ajudá-los a projetar uma imagem favorável.

A TV foi considerada um meio de comunicação indiferente e frio por Marshall McLuhan, que ficou famoso nas décadas de 1950 e

1960 como guru da era das comunicações modernas. Ele também se referiu à televisão da família como "a lareira eletrônica".

O que ele quis dizer com meio de comunicação indiferente é que é difícil mostrar entusiasmo e cordialidade diante das câmeras. Os âncoras e os apresentadores de programas matinais são profissionais que fazem parecer que não tem importância – mas tem. Até os políticos que passam muito mais tempo em frente às câmaras de TV do que qualquer outro grupo não são "suaves como a seda" na TV – de fato, estão longe disso.

A conclusão é a seguinte: para se apresentar bem na TV, ou você tem uma personalidade cativante, que é o caso de poucos, ou precisa ser um ator realmente perfeito em temos de projetar-se em frente da câmera de modo a parecer cativante. É preciso realmente trabalhar nisso.

Aqueles que se saem bem diante de uma câmera precisam gostar disso ou parecer que estão gostando de estar lá. Os candidatos não sabem fingir. Certamente seu CFO ou CEO não sabe fingir. A pessoa que consegue estabelecer uma ligação com o público da TV é alguém que simplesmente adora encarar uma câmera e fazer um discurso. Adorar é a palavra certa. Poucos, mas muito poucos fazem isso naturalmente. A maioria das pessoas, incluindo os políticos, parece tensa e artificial.

É líquido e certo que o melhor porta-voz de sua empresa, com exceção de um ator pago, é um funcionário de nível sênior que está disposto a passar horas aperfeiçoando seu desempenho diante das câmeras e trabalhar com um *coach* profissional por algum tempo.

Sob os Holofotes

AS OPORTUNIDADES de falar diante de um grupo chegam cedo, e grande parte de nós começou da mesma forma – mostrando objetos e falando sobre eles no jardim da infância. Lembra como você gostava disso, mesmo sem *slides*, PowerPoint e vídeo? Infelizmente, em algum lugar ao longo do caminho rumo à idade adulta, muitas pessoas ficam com medo de falar em público. De fato, isso faz parte da lista das dez principais fobias, causando ansiedade, pânico e uma determinação obstinada em evitar fazer apresentações a qualquer custo.

Se você estiver entre aqueles que temem falar em público – supere isso. Você não vai conseguir ser um profissional de marketing eficiente sem a capacidade e a paixão de defender seu ponto de vista diante de grupos que variam de uma ou duas pessoas até um auditório lotado.

Você deve sempre ser capaz de convencer as pessoas que uma parcela da receita de sua empresa, obtida com tanto esforço, deve ser direcionada para os programas de marketing, em geral sem um retorno imediato. O que seus ouvintes compram, em última análise, é você. Eles compram sua capacidade de fazer as coisas acontecerem. Todas as grandes idéias de marketing do mundo não significam absolutamente nada se você não conseguir articulá-las, em geral, sem prévio aviso, para todos, desde sua própria assistente até o CEO com o qual você consegue cinco minutos duas vezes por ano. Embora eu não conheça a cura para o medo de falar em público, aí vão algumas dicas para ajudar a melhorar suas habilidades.

- Conheça profundamente o material que vai apresentar. Ensaie o que vai falar e, então, ensaie de novo. E quando você achar que já ensaiou o suficiente, faça-o de novo. Pouquíssimas pessoas têm o dom natural de falar em público. Pense que falar em público é como um esporte em que você está tentando melhorar. Você tem de praticar muito. A maioria das pessoas fica nervosa porque nunca fez muito isso e evita falar em público sempre que possível. A verdadeira abordagem é justamente o oposto. E isso acontecerá apenas se você se apresentar toda vez que surgir a oportunidade.

- Na maior parte do tempo, ler um discurso, palavra por palavra, não é a abordagem correta. Embora isso possa fazer você se sentir mais à vontade, o público geralmente vai ficar entediado. Uma abordagem melhor é usar fichas com os principais pontos a serem tratados. Não tenha medo de segurar essas fichas – mesmo de jogá-las no chão uma a uma depois de abordar cada ponto, assim como David Letterman joga pela janela suas fichas dos "Dez Mais" todas as noites. É bom mostrar algum estilo e não se levar muito a sério. Fichas são versáteis e funcionam bem, não importa o tamanho do grupo, de 20 até 2 mil pessoas.

158 Roube Estas Idéias!

- Uma boa forma de se acostumar a falar em público é começar com um pequeno grupo sentado em torno de uma mesa. Você pode até sentar junto com as pessoas. Esse é um arranjo mais confortável para a maioria das pessoas. Depois de praticar um pouco, você pode ficar na ponta da mesa. Quando ganhar mais confiança, você pode ir para um pódio ou palco. Vá devagar e fique relaxado. Aos poucos, você chega lá.

- Sempre me perguntam muito sobre como usar o palco. Você deve ficar atrás do pódio, caminhar ou ambas as coisas? A resposta é: isso depende. Cada sala é diferente. Às vezes, você precisa ficar atrás do pódio porque o microfone é fixo ou a luz está concentrada apenas nessa área. Como palestrante, você precisa se sentir à vontade com o ambiente. Então, decida o que funciona melhor. Quando estiver em dúvida, fique atrás do pódio. O lugar onde você fica não determina se as pessoas vão lembrar ou não do que você falou. Se o presidente dos Estados Unidos quase sempre utiliza um pódio, por que você não pode?

- Sempre que possível, visite o lugar onde você vai falar com várias horas de antecedência e verifique tudo. Se você for usar recursos visuais, reúna-se com o responsável pela parte técnica e faça uma verificação completa com antecedência dos requisitos para que tudo funcione. Essas pessoas sabem o que estão fazendo. Elas conseguem resolver qualquer coisa que você proponha, desde que tenham tempo suficiente.

- Sempre leve algumas cópias de segurança de sua apresentação, mesmo que você a tenha enviado antes do prazo. Nunca suponha que tudo estará onde deveria estar.

- Sim, PowerPoint e apresentações com *slides* são muito comuns – do ponto de vista do palestrante, não necessariamente do público. A maior parte das apresentações é um monte de *slides*, gráficos, figuras e pontos sem fim, que servem apenas a um objetivo não intencional: chatear o público

Sob os Holofotes

de uma forma inacreditável. Todos esses recursos visuais são apenas muletas. Se você quiser ser medíocre, como muitos palestrantes, então use muletas. Caso contrário, deixe de lado muitos desses recursos. Use alguns *slides* com algumas palavras com letras grandes. Pense em cada *slide* como um título, como um grande ponto que você quer discutir. Fotos de pessoas, lugares ou coisas que você quer descrever também são uma boa idéia. E videoclipes rápidos podem ajudar a prender a atenção do público.

- Se você mostrar videoclipes, insira um espaçamento de sete segundos para que seu público tenha tempo de absorver o conteúdo de um clipe e ficar pronto para ver o próximo. Esse espaçamento também permite que você introduza o próximo clipe com algumas palavras para informar seu público sobre o que ele vai ver.

- Quando estiver em dúvida, corte. Se lhe pedirem para falar 30 minutos, ensaie para falar 15 minutos. Não é fácil fazer isso, mas é fundamental para uma apresentação sólida. Você poderá falar de uma forma mais pausada e aumentar suas chances de fazer contato com o público. Os maiores erros que os palestrantes cometem é falar muito rápido e abordar um número muito grande de assuntos. O resultado é uma palestra que o ouvinte não consegue acompanhar. Uma maneira de falar mais devagar e impedir que você dispare é escrever PAUSA depois de cada parte de sua apresentação e parar antes de abordar o próximo tópico. Quando eu comecei a falar muito em público, essa técnica funcionou. No final, você conseguirá deixar de lado o lembrete, mas é um bom treino para quem está começando.

- Falar é agir, pura e simplesmente. E assim como no teatro, o entusiasmo e a animação são requisitos para conseguir e manter a atenção do público. Se você usar fichas ou falar com base em um texto, escreve a palavra MUITA ENERGIA bem no topo da primeira ficha ou da página. Você precisa mostrar entusiasmo e energia durante toda a apresentação. Essa energia vai contagiar o público. Veja como políticos experientes e bons oradores conseguem contagiar um grupo. Muito se deve à energia de quem está falando.

- Para realmente ser convincente, diga a frase, faça uma pausa e repita. Essa técnica de repetição funciona é deve ser usada muitas vezes em sua palestra.

- Nunca se proponha a falar sobre muitos tópicos como, por exemplo, "Vou discutir os dez pontos seguintes na próxima hora." O público vai querer que alguém imediatamente grite "FOGO" no auditório. Escolha um número menor de tópicos, como em "Vou falar sobre as quatro principais razões por que devemos mudar a forma de fazermos negócios no mundo."

Uma vez, perguntaram a Franklin Roosevelt sobre quais eram as diretrizes para se fazer uma apresentação. Ele disse que há três regras básicas: ir até o pódio e sorrir, ir direto ao ponto, sentar.

Provavelmente, o melhor conselho seja contratar um especialista em como falar em público para algumas sessões. Esse é um dinheiro bem gasto para que você se torne um orador mais eficaz pelo resto da vida.

Na Linha de Fogo

Ser entrevistado para um emprego ou responder às perguntas de um repórter não são situações diferentes daquelas enfrentadas ao falar em público. Você precisa ter muita energia. Precisa falar devagar. Precisa repetir uma frase de vez em quando para enfatizá-la e precisa fazer uma pausa.

Ao contrário de uma apresentação em que você já sabe o que vai dizer, uma entrevista pode pegá-lo com a guarda baixa. Você ouve uma pergunta e, então, formula uma resposta. Não é tão fácil. A velha técnica da paráfrase para ganhar tempo é boa se não for usada com exagero.

Não importa se você estiver em uma entrevista de emprego ou respondendo a perguntas para um artigo do jornal local, sempre suponha que tudo que você disser vai constar. Nunca diga nada que você não gostaria de ver publicado ou divulgado. Não existe essa coisa de falar "em *off*", principalmente no mundo de hoje. Com os repórteres, é sempre melhor pensar que você está no banco das testemunhas. Isso não quer dizer que você deva ser duro ou antipático. Na maioria das vezes, a melhor resposta a qualquer pergunta é curta e direta. Não divague e não tente explicar demais – dá a impressão que você está na defensiva.

Às vezes, você pode ser solicitado a dar uma entrevista para um programa de TV ou segmento. Isso em geral implica uma visita a um estúdio local em que você usa um fone de ouvido, olha para uma câmera e não fica cara a cara com o entrevistador que está em algum lugar distante. É assim que geralmente as entrevistas ao vivo para a TV são feitas e podem ser embaraçosas para um iniciante. Você terá apenas alguns segundos, em geral não mais de 30, para passar seu ponto de vista, e não há uma segunda chance.

O que fazer? Realmente nada mais do que conhecer o assunto e ir para a entrevista com respostas ensaiadas, rápidas e diretas. Nesse tipo de entrevista, você receberá as perguntas com antecedência. Se for uma entrevista cara a cara com o entrevistador, o segmento do programa será mais longo. Em qualquer situação, você deve ensaiar, ensaiar e ensaiar. A menos que você seja um veterano, essa não é a hora de improvisar. E lembre-se das minhas duas palavras prediletas para todas as pessoas que falam em público: MUITA ENERGIA.

É fundamental se concentrar no entrevistador, apesar das câmeras. Ignore as luzes vermelhas e esqueça que elas estão lá. Suponha que você está diante da câmera desde que você entra no estúdio até o momento em que você sai. Não coloque as mãos em lugares constrangedores até que você esteja muito, muito longe do estúdio.

Por falar em mãos, os homens mais do que as mulheres são culpados da pose de "folha de parreira". Até políticos experientes ocasionalmente ficam nessa posição. Evite esse gesto sempre. É uma posição fraca e vulnerável e faz qualquer pessoa parecer ridícula. Ao contrário, pense em você como o Capitão Bligh em qualquer das três versões de O *Grande Motim*. Ele anda no convés com as mãos firmemente cruzadas nas costas. Essa é a postura de um líder.

Confúcio e o Estrelato

OS ASTROS DO MARKETING criam grandes idéias que funcionam. E as idéias surgem porque eles têm tempo para pensar.

"O homem ocupado nunca é capaz. O homem capaz nunca está ocupado."

Supostamente foi Confúcio quem disse isso no quarto século a.c. e Steve Ross da Time Warner sabia disso quando ele premiava qualquer executivo que pegava pensando. Pensar é o que cada profissional de marketing deve se esforçar para fazer. Você nunca será um astro do marketing se não reservar tempo para ponderar, imaginar e sonhar.

Muitos profissionais de marketing medem o sucesso pelo número de subordinados diretos, o número total de funcionários do departamento de marketing e pelo tamanho da verba de marketing. Os *headhunters* incentivam essa análise com sua insistência em que esses critérios de alguma forma são uma medida de capacidade. Na verdade, um melhor termômetro seria o nível de sucesso atingido ao se criar novas formas convincentes de chamar a atenção dos clientes, estimulá-los e fazê-los comprar mais, anos após ano.

Para se tornar um astro do marketing, você precisa saber inspirar e gerenciar as pessoas. Precisa ter idéias que elas possam apoiar, idéias que movimentem o negócio. Não é necessário que eles se reportem a você. Lembre-se, idéias não precisam de verba até que elas sejam concretizadas. Se uma idéia é convincente e boa o bastante para impactar o negócio, em algum momento, o pessoal de cima vai lhe dar o dinheiro para que você faça uma tentativa. Caso contrário, arranje outra idéia e insista.

Como Thomas Edison, todas as pessoas que têm grandes idéias fracassam, fracassam e fracassam mais uma vez até o sucesso chegar. A invenção, por sua própria natureza, é uma série de erros ou caminhos aparentemente equivocados que, no final, levam a um resultado positivo. Por que seria diferente com marketing?

Se você não quer pensar e experimentar e consertar e rabiscar e pensar mais um pouco em como fazer os clientes gostarem de seu produto e comprarem mais, pode ser que você ainda mereça ter um lugar na equipe de marketing, mas nunca será um astro.

Há um motivo pelo qual o capitão de um submarino tem um oficial executivo que administra todos os aspectos das operações do dia-a-dia. O trabalho do capitão não é tomar conta do navio. É inspirar a tripulação, pensar como tornar o trabalho deles mais produtivo, pensar em melhores formas de o navio funcionar. Também é inspirar confiança, elevar o moral e incentivar a tripulação e tirar o máximo do navio.

A tarefa número 1 dos profissionais de marketing experientes é recrutar o melhor "segundo" em comando que eles puderem encontrar.

Trabalhando nos Detalhes

Até certo ponto, e com muita freqüência em grande medida, o sucesso de qualquer iniciativa de marketing está diretamente relacionado ao processo de entrega de seu produto ou serviço para o cliente. Para cada promoção de marketing, uma pessoa de sua equipe interna deve ser responsável por verificar os detalhes do processamento. Não é suficiente confiar no serviço externo, principalmente se ele estiver a quilômetros ou continentes longe de seu escritório. Você precisa de um profissional que preste contas a você. Deve ser alguém que adore o desafio e a ciência do que acontece desde a colocação de um pedido até o cliente acusar seu recebimento.

Seu especialista em acompanhar o processamento de um pedido até sua entrega deve estar altamente motivado e ser muito recompensado por um trabalho bem feito.

A tarefa número 2 é deixar que o "segundo" em comando tome conta do navio, de modo que os profissionais de marketing experientes possam se dedicar ao pensamento criativo para ultrapassar a concorrência.

Tudo isso requer um ambiente de trabalho que incentive o livre pensamento e a iniciativa. Quando me perguntam o que um profissional de marketing deve buscar em um emprego, o tamanho do departamento de marketing ou quantos subordinados diretos ele terá não é minha primeira resposta. O que eu digo é o seguinte:

Existe realmente uma boa química entre você e seu possível chefe e colegas?

Você terá liberdade para fazer o trabalho de transformar o marketing da empresa de bom para ótimo? Afinal de contas, por que aceitar um emprego para fazer apenas um bom marketing?

Há compromisso de gastar dinheiro se surgirem grandes idéias?

Regras muito simples de envolvimento. E lembre-se, ser capaz é melhor do que ser ocupado – para você e para sua empresa.

Como Conseguir o Máximo de Sua Agência de Propaganda

NAS DÉCADAS DE 1970 E 1980, nos dias de glória da propaganda, as agências eram dirigidas principalmente por *superstars* criativos, totalmente empolgados com o poder de usar sua imaginação em um desafio de marketing. Algumas das melhores propagandas de todos os tempos foram produzidas nesse período. Então, as agências da década de 1990 se tornaram empresas de capital aberto, e as pessoas ficaram empolgadas com os números, que substituíram os homens de criação como capitães do setor. Levou apenas mais alguns anos para que os titãs voltados para os números começassem a engolir pequenas agências e canibalizar uns aos outros. O resultado é a mega-agência atual, grande, muito grande, a maior.

Essa mudança na estrutura das agências significa que gerenciar de forma adequada os relacionamentos é mais importante do que nunca. A maneira como você se relaciona com sua agência determinará se você vai obter o melhor produto das mentes criativas que

Como Conseguir o Máximo de Sua Agência de Propaganda **167**

fazem parte dela. Sim, ainda existe muito talento disponível, mas a maioria dos clientes recebe a propaganda que merece porque administra mal seu relacionamento com a agência – desde acusações ridículas de supostos conflitos até a eliminação de TODO o risco do processo criativo.

Para administrar uma agência de forma adequada, antes de tudo, deve haver química e confiança entre cliente e agência. Todas as agências são capazes de fazer um grande trabalho se houver uma boa relação entre os funcionários de sua empresa e a equipe da agência e um verdadeiro senso de parceria. Se não houver uma conexão, identifique o mais rápido possível um grupo com o qual você possa se relacionar.

Como avaliar a química entre você e a agência?

1. Você gosta de trocar idéias, preocupações, esperanças e sonhos com o pessoal da agência que atende você?

2. Você gosta de socializar-se com eles?

3. Você pode confiar neles totalmente no que diz respeito a informações confidenciais – desde a pessoa que cuida da conta até o estagiário?

4. Você acredita que a agência está verdadeiramente interessada em sua empresa?

Em seguida, lembre-se de que o produto de uma agência é seu pessoal. Tudo se resume à regra de ouro – trate sua agência como você espera que ela trate você – elogie o trabalho bem feito e pague por ele. Faça críticas construtivas. Seu objetivo como cliente é ser a conta em que o pessoal de toda a agência quer mais trabalhar. Isso não significa que você tem de ser uma pessoa passiva que simplesmente senta e deixa a agência fazer o *show*. Faça questão de trabalho em equipe. Incentive grandes idéias. Participe das sessões de *brainstorming*.

Então, vem a questão do dinheiro. Não há nada fundamentalmente errado com o pessoal do financeiro, que hoje tem um grande peso na administração dos negócios. Mas seja da agência, seja do cliente, o pessoal do financeiro não é inspirador; ele não cria entusiasmo pelo negócio cujo pensamento livre flui e as grandes idéias florescem. Ele, em parte, será o motivo de haver pouco marketing e propaganda de qualidade.

O que fazer nesse caso? Eu realmente acho que nós, que trabalhamos na área, devemos dedicar mais tempo para conversar com nossos respectivos departamentos financeiros sobre o que nós fazemos e como fazemos. Precisamos que eles saibam melhor como o marketing pode transformar uma empresa e seu resultado financeiro. E devemos fazer isso em conjunto com a equipe de nossa agência.

Grande parte do pessoal do financeiro do cliente nunca vê uma apresentação da agência ou se reúne com o diretor de criação ou o responsável pelo planejamento de mídia. Não é de surpreender o fato de eles não ficarem nada entusiasmados com as contas referentes aos serviços de criação. É totalmente indefinido para eles. Quem é esse pessoal da agência? O que eles fazem para valer o dinheiro que a gente paga? Uma reunião de atualização do assunto com o pessoal do financeiro de vez em quando pode ser uma experiência reveladora para ambos os lados.

No que se refere à remuneração, as agências fixaram a cobrança por hora. Não tenho tido nenhum problema com isso até o momento, pois elas precisam calcular o que pagam para cada funcionário por hora. Mas além da pura matemática, essa forma de cobrar por hora não faz sentido.

O processo criativo não é o tipo de trabalho que se faz se você pensar duas horas no problema A, quatro horas no problema B. O mesmo vale para o texto do anúncio ou a diagramação ou *design*, ou até o planejamento de mídia. O pensamento criativo e a inspiração podem ocorrer a qualquer hora: no meio da noite, tomando um uísque com soda, praticando corrida, assistindo a uma reunião chata sobre um assunto totalmente diferente.

Não me importa quantas horas uma pessoa trabalha por dia. Estou pagando pela inteligência, pelo intelecto e pela utilização de uma equipe para realizar um certo projeto em um determinado prazo. Dentro desse prazo, a equipe tem toda a liberdade para pensar

Como Conseguir o Máximo de Sua Agência de Propaganda

sobre meu negócio a qualquer hora, em qualquer situação, sem se preocupar com quantas horas ela trabalhou por dia, ou por semana ou por mês. As agências e clientes precisam lembrar que o valor de uma idéia genial ou de uma nova abordagem visual para o negócio que surge em uma determinada noite quando se leva o cachorro para passear não pode ser quantificado por uma taxa por hora. Um GRANDE trabalho surge quando se está liberado das tarefas do dia-a-dia – ele realmente é fruto disso. Um último conselho sobre a remuneração da agência. A melhor abordagem é concordar com uma taxa mensal que inclua todo o trabalho proposto. Deve ficar claro que não há cobranças extras ou não declaradas. Se o escopo do trabalho mudar, ambos os lados devem ter a liberdade de pedir uma reavaliação e a taxa deve ser reajustada de acordo com isso.

Algumas Palavras para os Redatores

Você pode não ser uma pessoa de Hollywood, mas sua consciência da importância de escrever bem provavelmente aumentou por causa da indústria cinematográfica. Filmes que ganharam o Oscar, como *O Poderoso Chefão* e *Patton, Rebelde ou Herói?* ou *sitcoms* como *Fraser* e *Friends*, que ficaram no ar por muito tempo, não teriam sido um sucesso sem textos excepcionais para que os atores pudessem interpretá-los.

Assim como nesses veículos populares, o texto é o elemento mais importante em qualquer campanha de marketing. É a voz do produto ou serviço e passa sua mensagem. Seu impacto não pode ser subestimado. Mas quanto vale esse texto e como você motiva e remunera o redator de forma adequada?

Atualmente, a maior parte das agências ainda cobra por hora, o que faz certo sentido para o gerenciamento geral do tempo, mas nenhum sentido para as atividades de criação como, por exemplo, escrever textos. Quanto tempo leva para escrever uma boa carta promocional ou para um anúncio impresso, ou um *script* para um comercial de 30 segundos na televisão? Quem sabe! Às vezes um dia, às vezes uma semana, às vezes 15 minutos. Criei textos para anúncios enquanto corria ou em um bloco de notas na fila do cinema. É uma experiência comum entre os escritores, principalmente no mundo do marketing.

Dadas essas peculiaridades imprevisíveis da criação, você deve pagar por projeto e fixar um honorário com antecedência. Não existem regras rígidas ou fixas. Os escritores são pessoas interessantes. Alguns acham que valem muito, e outros valem mais do que pensam. Às vezes, uma única linha bem escrita não tem preço.

Em geral, a melhor forma de pagar uma agência, ou o redator se ele for *freelancer*, é com base em uma taxa diária. Se o texto ficar pronto em 15 minutos e for brilhante, por que você deve dar importância ao tempo que ele levou para ser criado?

A taxa diária para um redator experiente pode variar de 2,5 mil dólares até no máximo 10 mil dólares. Pense em um bazar marroquino e em barganhar. Por razões desconhecidas, os redatores gostam de barganhar. As negociações com os escritores geralmente acontecem em duas dimensões: a opinião deles sobre qual deve ser a taxa diária e quantos dias eles acham que o projeto vai consumir. Para grande parte dos projetos pequenos, você deve pagar um ou dois dias. Para uma campanha multimídia, você poderia levar em conta um taxa mensal fixa por um prazo de um até três meses.

Uma vez combinado o preço – e não tenha medo de ser firme na negociação –, você deve surpreender o escritor no dia seguinte, oferecendo um pouco mais. Nada faz os escritores se sentirem mais felizes do que acreditar que você parou para pensar que o trabalho deles vale mais do que você concordou em pagar no início. Eu sei que isso parece uma bobagem, mas realmente funciona. Como pessoas criativas em qualquer área, os escritores são inseguros e têm uma grande necessidade de aprovação: "Como eu consegui? Como eu consegui?" Isso está sempre passando pela cabeça deles. Faça-os se sentirem bem, e eles vão trabalhar com afinco para agradá-lo e criar algo realmente especial.

Os Dez Segredos Que Você Realmente Precisa Saber para Roubar Idéias

TUDO BEM, VOCÊ NÃO QUER LER o livro inteiro. Ou melhor ainda, você leu e quer arrancar algumas páginas que lhe farão lembrar dos pontos essenciais quando você debutar como astro de marketing em sua empresa de grande porte, pequeno negócio ou organização sem fins lucrativos.

Os dez segredos não estão classificados por ordem de importância. Todos são igualmente importantes.

- **Três ingredientes essenciais do marketing.** As campanhas de marketing bem-sucedidas têm três ingredientes essenciais. São atrativas do ponto de vista visual, geram informação e incluem um forte apelo à ação. Juntos, esses três elementos devem fazer os espectadores ou leitores parar o que estão fazendo, prestar atenção à mensagem e agir imediatamente.

- **Poder da marca significa criar uma forte conexão visual.** Pense no caubói do Marlboro, na garrafa de vidro de Coca-Cola, por exemplo. A lista

172   Roube Estas Idéias!

é interminável. Toda marca de sucesso precisa ter uma proposta de venda única, visual ou escrita, que destaque a marca entre as concorrentes e a torne especial. Essa proposta única de valor deve ser clara, concisa e entendida em sua totalidade por todos os funcionários e, você espera, também por milhões de clientes.

- **Não dê ouvidos aos diretores de arte.** Os diretores de arte são absolutamente contra qualquer um que realmente leia o anúncio que você gastou muito dinheiro para produzir. Insista em colocar letras com serifa (como a deste livro, por exemplo) e não considere o uso de um tipo vazado em branco em qualquer promoção, 98% das vezes. Muito tempo atrás, o famoso publicitário David Ogilvy escreveu: "O consumidor não é burro, ele é sua esposa." Eu acrescentaria: "E ela tem 57 anos e não vai ler um tipo de letra pequena ou difícil de ler."

- **Imite a revista *People*.** Ela é a revista por assinatura de maior sucesso da história. Ela está baseada em quatro princípios que você deve utilizar para criar o melhor material de marketing.

1. Use fotos de pessoas reais, não modelos que são anônimos.

2. Use legenda com fotos, sempre, sempre, sempre.

3. Escreva de forma concisa: você não está em uma comissão governamental.

4. Deixe bastante espaço em branco em cada página, de modo que os olhos possam assimilar o que estão vendo.

- **O poder da personalidade.** Não há nada mais forte do que o porta-voz de uma empresa que é parte integrante de sua proposta de venda única. Essa é a forma mais eficiente de proporcionar a seu produto ou serviço as melhores chances de sucesso. Encontrar a pessoa ou o animal certo ou o personagem de animação é uma tarefa primordial que deve ser levada a sério.

- **Há poucos clientes que importam realmente.** Lembre-se como poucos clientes, na verdade, contribuem para seu salário no final do mês. Na maior parte das empresas, 10% dos clientes geram 90% da receita. Em organizações sem fins lucrativos, 1% dos doadores em geral respondem por 50% das doações. Você dá atenção suficiente a esses segmentos de clientes/doadores mais importantes? Sua resposta deve ser um sonoro "sim" ou "Estou pensando em começar amanhã"!

- **A lição mais importante sobre clientes.** As pessoas querem repetir a experiência que as conquistou como clientes. Se eu gostei do primeiro terno Armani que usei, é possível que eu queira outro. Se eu me apaixonar por uma BMW aos 28 anos e comprar um carro da marca, vou querer a mesma dirigibilidade e desempenho no futuro. Se eu acho que Angelina Jolie é a mulher mais sensual do mundo, vou assistir a todos os filmes dela. Essa lei da repetição da experiência do cliente se aplica a todas as faixas etárias, todas as culturas, desde os princípios dos tempos, enquanto habitarmos neste planeta.

- **Grandes profissionais de marketing são grandes comunicadores.** Você nunca se tornará um astro do marketing se não aprender a gostar de falar em público. Praticamente, ninguém nasce com o dom natural da oratória. A contratação de um especialista para lhe dar treinamento por alguns meses é um dos melhores investimentos. Realmente vale a pena. E, nunca, nunca faça a pose da folha de parreira, em que você fica de pé com a mão na frente de partes que não podemos mencionar aqui. Não faça isso em público ou quando estiver andando. Essa pose quer dizer que você é "fraco" e vulnerável e vai fazer você parecer ridículo.

- **Os programas de fidelidade devem ter um valor percebido que supere o custo percebido.** Tenha certeza de que sua estratégia de reconhecimento do cliente gere real valor. Exemplo: Se eu pago 500 dólares por ano por um cartão de crédito especial é porque os benefícios que receberei por sua utilização constante vão superar esses 500 dólares.

- **Existem seis razões para fazer propaganda** (em ordem de importância):

1. Motivar seu pessoal e fazer os funcionários sentirem orgulho da empresa em que trabalham

2. Lembrar seus clientes por que eles são clientes

3. Gerar novos *leads*

4. Recrutar bons profissionais dos concorrentes

5. Fazer-se notar pela imprensa e aumentar o *share of mind* do público em decorrência da visibilidade na mídia

6. Construir a marca. Maior *share of mind* sempre é bom. Uma verdade universal.

Ser Tudo Que Podemos Ser

ESPERO QUE ESSES CAPÍTULOS aumentem seu conhecimento profissional da arte do marketing.

Este livro tem por objetivo ser um guia de referência que nunca fique ultrapassado. Com certeza, os produtos mudam, os preços mudam, os atributos, a moda e a tecnologia mudam. Mas a natureza humana continua a mesma. Mesmo em anos, décadas e séculos passados, quando as pessoas claramente tinham mais tempo para pensar, elas ainda queriam que a venda fosse feita de maneira direta e relativamente rápida. Não importa em que ponto do tempo, passamos pela vida com coisas demais para fazer e pouco tempo para fazê-las.

Precisamos usar um marketing direto.

Precisamos entender o que faz as pessoas ficarem ligadas e o que as leva a comprar produtos e serviços.

Precisamos entender os principais elementos que constroem uma marca de sucesso.

Precisamos diminuir nosso jargão de marketing e parar com os *slides* e gráficos sem fim dos quais ninguém se lembra no dia seguinte.

Precisamos de grandes idéias para impulsionar nossa profissão e as empresas no futuro.

Precisamos aprender com nossos erros passados que marcaram nossa profissão, desde os comerciantes, mascates e negociantes que apareceram em cena milhões de anos atrás.

Não há nada realmente mais importante para o profissional de marketing do que ter o produto certo na frente do cliente certo com o menor desperdício de tempo e de dinheiro possível.

Índice Remissivo

Ad Age, 73
AFLAC Duck, 37
agência Roger Richman, 39
agências de propaganda
conseguindo o máximo das,
166-170
Agnew, Spiro, 152-153
AIG, 54
Airlines, *frequent flyer programs*, 8
Allen, Woody, 91
Ally & Gargano, 21-22
Amazon, 105
American Airlines, 8, 50-51, 106
American Express, 75, 110, 135
cartão black, 114
travellers cheques, 10
animais, 36-37
anúncio
escrevendo, 97-102
freqüência de, 90
Apple Computer, Inc., 16
Apple iPod, 20
Archer Daniels Midland, 62
Armstrong, Lance, 42, 43
Aron, Adam, 7
Astaire, Fred, 38
AT&T, 83-85
atributos, principais em vendas,
28-29

Aunt Jemima, 35

Baker, Jim, 86
Bandeira dos Estados Unidos, 15
Bank One, 75
Barclays Global Investors, 62
Barnes & Noble, 110, 116
Barnett Bank, 75
Barneys New York, 114, 115
Ben & Jerry´s, 104
Bergen, Candice, 30
BMW, 16, 17, 18, 24
Bose Corp, 56, 91-93
Boston Coach, 134-135
Braniff International, 9
Bristol-Myers Squibb Co., 42-43
British Airways, 80
Burnett, Leo, 24
Burns, Ed, 49
Busk, George W., 15, 154

Cadillac, 58-59
campanhas políticas, 149-155
Champion Mortgage, 19-20
Chaplin, Charlie, 38-39
Charlie Brown e Sua turma de
Peanuts, 36
Charmin, 11
Chevy Corvette, 104

clientes
  clusters e demografias, 107-109
  como tratar, 109-110
Coca-Cola, 11, 16, 22, 80
concorrentes, negócios, 85
Confúcio, 163
Continental Airlines, 8
Conto de Natal, Um (Dickens), 145
cores, legibilidade e, 44
Correios dos Estados Unidos, 125
corretores on-line, 116
Curtis, Jamie Lee, 30

diferenças entre os sexos, marketing e, 126-130
diretores de arte, 172

e-mail de agradecimentos, enviando, 105-107
entrevista, dando, 160-161

falar em público, 156-162, 173
fidelidade, diferenças entre os sexos, 127
Fleet, 75
folhetos, 69-73
Ford Motor Co., 39, 103-104
formato P & R, em material promocional, 80

Forrester Research, 94, 137
Four Seasons, 16
frases de efeito, slogans, 74-78
freqüências dos anúncios, 90
Fresh Air Fund, The, 100

Garnes, James, 30
General Electric, 76
Geração, lacuna, 122-126
Goldwater, Barry, 19
GQ, 73
Greene, Joe, 11
Griffith, Andy, 30
Groman, John, 98
Guthrie Theater, 110

Harley Davidson Motorcycles, 17
Harvard University, 16
Hefner, Hugh, 3
Hertz, 39, 110
Hilton, Paris, 16
Houseman, John, 30, 31
HSBC, 80
Humbart, Rex, 86

IBM, 16, 17, 38-39, 80
idéias, grandes, buscando, 131-136
ilustrações, uso de, 70-71
imagem forte, 17-18, 89-90

Índice Remissivo

indústria cosmética, diferenças entre sexos e, 129-130

indústria dos esportes, diferenças de sexos e, 129

Jack Daniel´s, uísque, 47

Johnnie Walker, 48

Johnson, Edward, 134

Johnson, Lyndon B., 19-20

Jolly Green Giant, 35

Jones, James Earl, 30, 35

jornais, colocação de anúncios em, 91-93

JP Morgan Chase, 74

Keebler Elves, 35

Kerry, John, 154

Key Corp, 33-34, 71

Key Arena e, 146-148

Las Vegas, 16

legibilidade

cores e, 44

dicas de, 44

exemplos de bom, 42-57

exemplos de péssimo, 62-68

exemplos de ruim, 57-61

tipo/fontes, 41-42

Leo Burnett, agência, 23-24

Lin, Maya Ying, 134

logos, 17

Lynch, Peter, 12, 30

Malden, Karl, 10, 29, 31

Marcas, 14-20, 171-172

marketing global, 80-82

colocação de anúncios em, 95-96

marketing integrado, 82-88

Marketing RightTime, 151-153

Marlboro, 16, 23, 171

mascotes, 35

Masters, The, 16

Maxim, 72

McDonald´s, 80-81

MCI, 83-86

McLuhan, Marshall, 154

McQueen, Steve, 39

Metropolitan Life, 36

mídia,

oportunidade, 19-20

planejamento, 89-96, 149-151

mídia impressa, 91-93

MIT (Massachusetts Institute of Techonology), 16

Morris, o gato, 36

Motel 6, 16

Mr. Clean, 35

Mr. Peanut, 37

Mr. Whipple, 11

Myers´s Rum, 25

narradores, 34
National City, 74
NBC, 16
Neiman Marcus, 115-116
New York, 73
New York Times, 55-56
New York Times, magazine, 92
New Yorker, Cartoon Bank, 105
Newman, Paul, 150-154
Nike, 16, 17, 75, 80
Nixon, Richard, 152, 153

Ogilvy, David, 172
olho, no anúncio escrito, 69
Omaha Steaks, 107
opção sim/não, uso na oferta, 100
organizações sem fins lucrativos
   diferenças entre os sexos,
     impacto de, 128
   programa de fidelidade em,
     118-121

Pan American Airways,
   WorldPass, 7-8
Patek Philippe, 60-61
patrocínios, 145-148
PBS, 104
pentágono, 16
People, 70, 72, 139, 172
personagens animados, 35
personagens M&m, 37

Phillip Morris, Marlboro, 23-24
Pillsbury Doughboy, 35, 36, 37
Pink, Thomas, 52
Playboy, 3-4, 16
Popcorn, Faith, 129
Porshe, 16
porta-vozes
   ações más de, 39-40
   agente comercial, uso de, 34
   animais, 36-37
   como escolher o certo, 32-34
   exemplos de, 30-32
   mascotes corporativos, 35
   narradores, 34-35
   personagens animados, 35
   pessoas que já morreram,
     37-39
   produtos inovadores e confiáveis,
     17
programas de fidelidade, utilizando, 112-121
propaganda/marketing, 1-2
   exemplos de, 3-13, 18-20
   igredientes essenciais, 171
   integrada, 82-88
   razões da, 4-5, 173
   RightTime, 151-153
propagandas escritas, 97-102
Proposta de Venda Única (PVN),
   16-17, 86, 172
   como criar, 21-29

Índice Remissivo **181**

proposta de vendas, 16
   como criar uma única, 21-29
Purdue, Frank, 30
Putnam Investments, 61-62

rádio, anúncios em, 93-94
Reagan, Ronald, 10
redatores, 169-170
Reddenbacher, Orville, 30
Reeves, Rosser, 21, 76-77
relações públicas, 141-145
relatórios anuais, 71-72
Republicano Senatorial
   comitê, 9-10, 100-102, 150
revistas, colocação de anúncios
   em, 91
Rickles, Don, 12
Roberts, Oral, 86, 87
Robertson, Pat, 86
Rolex, 45-46
Rolling Stone, 6, 73
Roosevelt, Franklin, 160
Ross, Steve, 131, 163

Saks Fifth Ave., 110
Samsung, 65
Sanders, Colonel, 30
Schwab & Co., 110, 116
Schwab, Chuck, 30, 71
Schwarzenegger, Arnold, 16

SeaFirst, 146-147
Seaport Hotel, 134, 135
Seattle Sonics, 144-148
Shackleton, Ernest, 3
Shell Oil, 18, 57-58
Shore, Dinah, 30
Siemens, 66
Simpson, O. J., 30, 39
Sinatra, Frank, 15
Sinfônica de Boston, 98-99
sites on-line, exemplos de suces-
   so, 139
Six, Robert, 8
slogans, 74-78
Smith, Fred, 21
Smith Barney, 31
Snap, Crackle, e Pop, 35
Spears, Britney, 16
Speedy Alka Seltzer, 35
sucesso, medida, 164-165

TD Waterhouse, 59
televisão
   anúncios em, 93-95
   evangélicos, 85-87
   mudanças demográficas e
     impacto sobre, 124-125
   políticos na, 153-155
Thomas, Dave, 30
Thompson, Hunter, S. 6
Tiffany, 110

TiVo®, 93, 94, 125
Tomlin, Lily, 12
Tony the Tiger, 35, 37
trabalhando, detalhes de, 168
Trix Rabbit, 35

United Airlines, Mileage Plus, 6
UPS, 16, 67

Vanguard, 53
Vanity Fair, 92
veiculação de anúncios,
  em jornais, 91-93
  em revistas, 91
  importância do, 90

no mercado global, 95-96
no rádio e na televisão, 93-95
Verizon, 35
Vietnã Memorial, 133, 134

Wall Street Journal, 99
Wal-Mart, 108
Waterson, Sam, 60
websites, 137-140
Western Union, 44
Wheildon, Colin, 41
White, Kevin, 151-152

Yurman, David, 49

Sobre o Autor

STEVE CONE é diretor-gerente e responsável pelas atividades de propaganda e gestão de marca do Citigroup Global Wealth Management. Com outros cinco executivos experientes, ele coordena a gestão de marca no mundo inteiro para todos os negócios do Citigroup em mais de 100 países, que englobam mais de 200 milhões de clientes. Ele também supervisiona a propaganda e gestão de marca para The Citigroup Private Bank e os negócios da Smith Barney do Citigroup.

Antes de trabalhar no Citigroup, Cone foi presidente da área de varejo e Chief Marketing Officer do Fidelity.

Cone é uma das figuras mais respeitadas do marketing em serviços financeiros. No Fidelity, ele lançou uma campanha publicitária bem-sucedida, tendo como destaque o ex-gerente de portfólio Peter Lynch, o que contribuiu para aumentar de forma significativa a venda de fundos mútuos do Fidelity. Ele também administrou a expansão bem-sucedida do Fidelity para a área de corretagem de desconto, transformando-o no primeiro provedor do mundo desses serviços no setor.

Durante seus 30 anos de carreira – metade dos quais na área de serviços financeiros – Cone ganhou reputação por sua gestão de marketing inovadora, construída ao longo do caminho em empresas como Key Corp, Citibank e a American Express, em que trabalhou sete anos como responsável pela estratégia de construção de marca no mundo inteiro. Em 1972, ele formou-se com louvor em literatura inglesa pelo Coe College.

COMENTÁRIOS SOBRE
Roube Estas Idéias!:
Segredos de Marketing Que
Profissionais Guardam para Si

"Os especialistas em marketing que dão valor a seus empregos – ou melhor ainda, que querem subir na carreira – estarão sempre consultando essa incrível coletânea de **dicas e idéias sempre esclarecedoras** como um guia para a inovação e o sucesso."

STEVE FORBES
CEO, Forbes, Inc.

"*Roube Estas Idéias!* é **um guia claro e direto** de Steve Cone para você pôr em prática *imediatamente*."

FAITH POPCORN
Fundador e CEO, BrainReserve, Faith Popcorn

"**Repleto de várias grandes idéias sobre marketing.** Um roubo que não custa caro."

AL RIES
Autor de *A Origem das Marcas*

"Pensei que nunca precisaria ler outro livro sobre marketing até que comprei este guia divertido, excelente e de leitura rápida. Ele **pode ajudar qualquer empresa, não importa seu tamanho e a localização, a transformar um marketing sem graça em um marketing de primeira.**"

JON LINEN
Vice-Presidente, American Express

"Com muitas informações valiosas sobre os principais assuntos de marketing, Steve Cone analisa problemas relacionados a *branding* com **uma abordagem inovadora e um senso de humor irônico.**"

CLAIRE ROSENZWEIG, CAE, CPMP
Presidente, Promotion Marketing Association, Inc.

"As coisas não estão ficando fáceis por aí. Então, o que fazer? Você precisa das lições que foram aprendidas a duras penas com campanhas que deram certo e por alguém que consegue extrair os elementos não revelados. **Steve Cone faz tudo isso com um verdadeiro conhecimento de nossa área e com uma abordagem direta de alguém que conhece, entende e respeita os consumidores.** Cone revela segredos demais? Sim! Agora, alguns dos segredos mais importantes de nosso setor estão reunidos em um só lugar para que todos tenham acesso."

DANIEL MOREL

Chairman e CEO, Wunderman

"Divertido, inteligente, acessível – *Roube Estas Idéias!* é tudo isso e muito mais. Estou passando páginas do livro por *fax* para meus clientes com uma observação: 'Leia isto. Foi escrito por alguém que aprendeu com os erros que você está cometendo e que pode mudar tudo para melhor.'"

RICHARD LAERMER

CEO, RLM PR, e autor de *Full Frontal PR*

"**Este livro contém muitos conselhos práticos para os profissionais de marketing, e os *insights* valiosos de Steve Cone podem ser utilizados todos os dias.** As lições que ele aprendeu e que compartilha conosco são o auge de sua carreira única como visionário de marketing que já dura mais de três décadas."

ADAM ARON

Chairman/CEO, Vail Resorts (Vail, Colorado)

Conheça os outros títulos de Administração e Negócios
Visite nosso site www.mbooks.com.br

GRÁFICA PAYM
Tel. (011) 4392-3344
paym@terra.com.br